가짜뉴스의 심리학

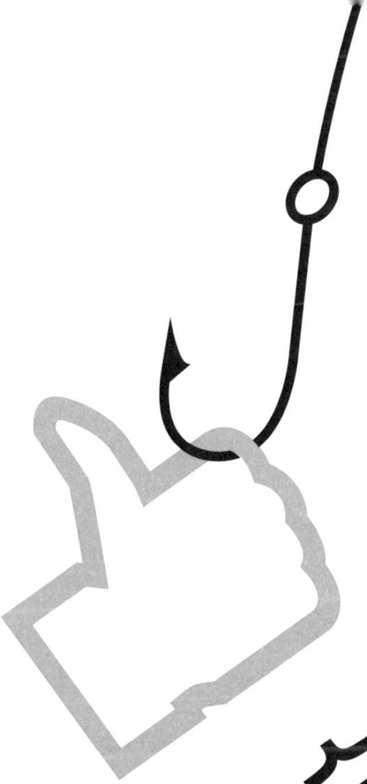

결코 아니라고
생각하지만
나 또한
믿기 쉬운

가짜뉴스의 심리학

박준석 지음

프롤로그

"누구나 각자의 의견을 가질 수 있다.
그러나 각자만의 사실을 가질 권리는 없다.

You are entitled to your opinion.
But you are not entitled to your own facts."

-대니얼 패트릭 모이니핸Daniel Patrick Moynihan, 1927~2003, 미국의 정치인

바야흐로 '탈진실post-truth'의 시대다. 이제 무엇이 사실인지보다는 무엇이 사람들의 입맛에 맞는지가 더 중요한 세상이 되었다. 각종 가짜뉴스fake news와 음모론, 진영 논리의 범람이 그 증거다. 소셜미디어와 각종 영상매체의 등장, 그리고 1인 미디어 생산자의 급증은 이런 움직임을 부추기고 있다. 하루가 멀다 하고 유튜브 등 미디어, 소셜 네트워크 서비스 웹사이트 등에는 검증할 수 없는 주장을 담은 글과 영상들이 홍수처럼 쏟아지고 있다. 그리고 이것을 막을 방법은 사실상 없어

보인다. 우리는 그 어느 때보다도 심각한, 검증되지 않은 정보의 홍수 속에서 살아가고 있다.

뒤집어 말하자면, 거짓 정보 여부를 판단하고, 각종 자료 및 주장을 현명하게 취사선택하여 소비하는 것은 그 어느 때보다도 중요한 민주 시민의 덕목이 되었다. 그리고 이렇게 말하는 이유를 숨길 필요는 없을 것 같다. 잘 되고 있지 않기 때문이다. 비교적 비슷한 TV 채널, 비슷한 신문을 통해 정보를 접하던 과거와는 달리, 이제 사람들은 서로 다른 매체를 보고 서로 다른 정보를 접한다. 그리고 그 선택은 애초에 서로 다른 취향에 근거하여 이루어졌을 가능성이 크다. 한마디로, 사람들은 비유가 아니라 실제로 서로 다른 '세상'에서 살아가는 것이다. 그 세상에서는 진실 여부와 상관없이, 세계관에 부합하는 것들만 선택되고 참으로 여겨진다. 분열은 점점 더 심해지고 갈등은 걷잡을 수 없이 커져, 세상은 마침내 여럿으로 쪼개지기에 이른다. 이 과정에 자기검열, 비판적/합리적 사고, 팩트체크 등은 진영의 이익에 오히려 걸림돌로 여겨진다. 그 결과, 소셜미디어와 각종 메신저 서비스는 진영들의 입맛에 맞는 각종 편향적 견해 및 주장, 가짜뉴스들로 몸살을 앓고 있다.

이런 경향을 우리보다 먼저 겪어온 미국의 경우, 지난 몇 차례의 대선은 이런 양상이 극적으로 나타난 사례였다. 도시 대 농촌, 해안 대 내륙, 백인 대 유색인종 등으로 갈라진 투표 양상은 그 어느 때보다도 선호 후보를 뚜렷하게 갈라놓았다. 몇몇 도시에서 이런 갈등은 비극적인 폭력 충돌로 이어지기도 했다. 정도의 차이는 있지만, 불행히도 이런 움직임은 국내에서도 비슷한 양상으로 전개되고 있는 듯하다. 입장 차가 시민들을 극단적 분열로 몰고 가는 것이다. 이런 상황은 상대 진영을 악마화하고, '내 진영'의 결속을 다지는 데 도움이 되는 편파적 주장을 위한 최상의 토양이다. 그리고 이를 위한 가장 좋은 도구는 바로 가짜뉴스다. 가짜뉴스는 지난 2016년 트럼프 미국 대통령의 당선에 큰 역할을 한 것으로 추측되는데, 국내에서도 최근 몇 년간 유명했던 가짜뉴스 유행 사례를 어렵지 않게 찾아볼 수 있다. 대표적인 것으로는 박근혜 전 대통령 탄핵 당시 유행했던 태블릿 PC 가짜설이 있다. 주류 매체들의 팩트체크 노력에도 불구하고, 이 가짜뉴스는 오랫동안 대통령 탄핵 반대 측에 의해 전가의 보도처럼 활용되곤 했다.

이 책은 이런 흐름에 즈음하여, 기존에 가짜뉴스를 주로 정치적·사회적·미디어적 시각에서 바라보던 것과 달리 좀 더 다양한 시각, 특히 경험과학적인 시각에서 바라보고 분석하며 대책을 제시하기 위해 집필되었다. 특히 인지 및 사회심리학의 연구 성과들, 그리고 자료를 객관적으로 판단하는 데 없어서는 안 되는 도구인 통계학의 도움을 많이 받았지만, 그 외 미디어 분야의 연구 성과들도 일부 인용했다. 그 결과, 이 책은 서로 다른 접근들을 필요할 때마다 혼용하면서 가짜뉴스라는 대상에 접근하는, 다소 독특한 접근 방식을 취하게 되었다. (사실 책을 읽다 보면 이들 분야 사이에 공유하는 관점이라는 게 존재한다는 것도 함께 알게 될 것이다.) 얼마 전에 유행했지만 지금은 다소 주춤한, '통섭'이라든지 '융합'이라든지 하는 거창한 용어를 사용하지 않아도, 가짜뉴스(그리고 진영 논리)라는 대상의 복잡성은 이런 접근을 필연적으로 만드는 측면이 있다. 그 과정에서 독자들을 위해, 학문적인 내용을 최대한 풀어서 쉽게 설명하려고 노력했다.

글을 쓴 2020년 한 해 동안에도 글감이 실시간으로 생성되어, 쓰는 데 상당한 편함(?)이 따랐다. 뒤집어 말하자면 가짜뉴스에 대한 대책 마련이 그 어느 때보다도 시급하다는 의미도 될 것이다. 책에서 사례를 통해 다루겠지만, 가짜뉴스가 건드리는 주제들은 작은 것들도 있지만, 한 나라의 선거, 국민 건강을 좌우하는 백신 등에 관한 것과 같이 그 파급 효과가 큰 것들도 있다. 이에 효과적으로 대처하지 못했을 때 사회가 치러야 할 비용은 실로 어마어마하다. 필자는 이런 상황에서 절박한 심정으로, 부족한 능력이나마 총동원하여 이 책을 썼다. 부디 이 책이 탈진실의 시대라는 흐름을 조금이나마 거스르고, 극단적 진영 논리를 막는 데 도움이 되기를 바란다.

이 책을 집필하는 데 여러 분들의 도움을 받았다. 책 집필을 처음 권유해주신 한밭대학교 김효은 교수님, 휴머니스트 편집부, 생업과 집필을 병행하는 동안 크고 작게 받은 스트레스를 해소하는 데 도움을 준 친구들, 그리고 무엇보다도 옆에서 이 모든 것을 참아준 아내에게 이 책을 바친다.

Contents

챕터 2

케이스

챕터 3

솔루션

챕터 1
메커니즘

1.

확증편향,
입맛에 맞는 뉴스만 고른다

일상에 침투한 확증편향

같은 사안을 두고도, 정치적 성향에 따라 달리 해석하는 것을 흔히 볼 수 있다. 참 희한한 일이다. 분명 일어난 일은 하나인데 어떻게 저렇게 다르게 해석할 수 있을까? 이를 설명할 때 흔히 동원되는 심리학적 개념이 바로 '확증편향confirmation bias'이다. 이 단어가 사람들 사이에서 유행한 지는 그리 오래되지 않았지만, 이미 포털 사이트 등을 돌아다니다 보면 심심찮게 볼 수 있는 말이 되었다. 사실 전문 학술용어가 대중적 인기를 얻는 것은 쉬운 일이 아니다. 과학자나 과학 커뮤니케이터들이 힘들게 노력해도 잘되지 않는 경우가 대부분이다. 심리학은 이런 점에서 다른 학문 분야들에 비해 축복(?) 받았다고 해야 할 것 같다. 대중의 언어생활에 자연스럽게 편입된 학술용어들이 꽤 있기 때문이다.

다른 예로는 '인지 부조화cognitive dissonance'가 있다. 누군가 자신의 희망이 현실과 부합하지 않는 상황에서 현실을 거부하고 인정하지 않으려는 태도를 취할 때, 흔히 그 사람은 '인지 부조화'에 빠졌다고 이야기한다. 대개 비하적 의미로 사용되긴 하지만 말이다.

그런데 확증편향이라는 말은 분명한 학술적 의미를 지닌 용어임에도 불구하고 일상 대화에서 다소 남용되는 감이 있다. 물론 언어는 계속 변하며, 특정 단어가 처음 가졌던 의미를 계속해서 가져야 하는 것도 아니다. 하지만 사람들이 같은 용어를 각자의 의미로 사용하기 시작하면 문제가 된다. 이런 상황은 오해를 낳는 지름길이다. 그래서 확증편향이라는 말의 본래 의미를 잠깐 짚고 넘어가려 한다.

믿음을 확인하려는 인간의 심리

심리학에서 확증편향이라는 말은 '어떤 믿음이 있을 때, 그것을 반박하는 증거는 무시하고 지지하는 증거만을 찾으려 하는 경향'을 의미한다. 여기서 '믿음'이 꼭 정치적인 것일 필요는 없고, 어떤 것에 대한 믿음이라도 상관없다는 것을 눈여겨볼 필요가 있다. 확증편향은 매우 일반적으로 관찰되는 현상이다.

확증편향을 소개할 때 흔히 등장하는 고전적인 심리학 실험이 하나 있는데, 바로 '웨이슨 선택 과제Wason selection task'[1]다. 이 실험에서 연구자들은 실험 참가자들에게 다음과 같은 질문을 했다.

> 여기 3, 8, 빨간색, 갈색이 위로 오게 놓인 네 장의 카드가 있다. 각각의 카드는 한쪽에는 숫자가 쓰여 있고, 다른 한쪽에는 색깔이 칠해져 있다. 이 중 어떤 카드를 뒤집어봐야 '한쪽에 짝수가 적혀 있으면 반대쪽이 빨간색이다'라는 명제의 진위 여부를 가릴 수 있을까?

독자 여러분도 여기서 잠깐 책을 덮고 어떤 카드를 골라야 할지 생각해보시기 바란다. 힌트를 하나 드리자면 이 중

두 장만 골라야 한다. 나머지 두 장은 명제의 참/거짓 여부와 논리적 상관이 없다.

정답을 보기 전에 고등학교 수학 시간에 배웠던 명제 단원의 내용을 잠깐 상기해보자(만약 명제를 배우지 않은 분들이 계시다면 필자의 '연식'을 이것을 통해 어느 정도 짐작할 수 있을 것이다!). 위에서 이야기한 명제는 전형적인 'p이면 q이다'의 형식을 취하고 있다. 이 사례에서 p에 해당하는 것은 '카드의 한쪽에 짝수가 적혀 있다'이고, q에 해당하는 것은 '카드의 다른 쪽이 빨간색이다'가 된다.

그러면 이 명제가 거짓이 될 상황은 어떤 것이 있을까? p인데도 q가 아닌 경우가 존재한다면, 명제는 거짓이다. 다시 말해, 카드의 한쪽에 짝수가 적혀 있는데도 다른 쪽이 빨간색으로 칠해져 있지 않다면 명제는 거짓이다. 그런데 이게 다가 아니고, 좀 더 까다로운 경우 하나가 남아 있다. '카드의 한쪽이 짝수라면 다른 한쪽은 빨간색이다'라는 말을 뒤집어보면, 카드에서 색깔이 있는 쪽이 빨간색이 아니라면 반대쪽은 짝수여서는 안 된다(기억력이 좋은 독자라면, 고교 수학 시간에 이것을 '대우명제'라고 부른 것을 기억할 것이다). 따라서 빨간색이 아닌 카드를 뒤집었는데 반대쪽에 짝수가 적혀 있다면 이것 또한 명제가 거짓인 상황이 된다. 이처럼 명제가 거짓이 될 상황을 모두 조사하여 거짓이 아님을 확인해야 명제가 참이라고 할 수 있을 것이다.

반대로 다음의 두 경우는 명제의 진위 여부와 상관이 없다. 첫째, 한쪽에 홀수가 적혀 있으면 다른 쪽에 빨간색이 칠해져 있건 말건 아무 상관이 없다. 애초에 명제는 카드에 홀수가 적혀 있는 경우에 대해 아무런 언급을 하지 않았다. 둘째, 빨간색이 위로 온 카드는 뒤집었을 때 어떤 숫자가 적혀 있건 상관이 없다. 물론 짝수가 적혀 있으면 원 명제에서 말한 바가 충족된다. 그러나 홀수나 다른 종류의 숫자가 적혀 있어도 상관이 없다. 빨간색이 적힌 카드의 반대쪽에 어떤 숫자가 적혀 있어야 하는지에 대해 위 진술은 어떤 것도 말하지 않았기 때문이다. 따라서 이런 경우들에 해당하는 카드들은 명제의 진위 여부를 가리기 위해 뒤집어봐야 할 카드들이 아니다.

지금까지의 이야기를 종합하면 정답이 나온다. 뒤집어야 할 카드는 8과 갈색이다. 8을 뒤집었을 때는 반대쪽에 반드시 빨간색이 있어야 하고, 갈색 카드를 뒤집었을 때는 반대쪽에 짝수가 없어야 한다. 만약 둘 중 하나라도 그렇지 않다면 명제는 거짓이 된다.

이 문제가 어렵게 느껴진다고 자책할 필요는 없다. 실험에 참가한 사람 대부분이 잘못된 답을 골랐기 때문이다. 웨이슨이 수행한 최초 연구에서 정답을 맞힌 사람들의 비율은 10퍼센트가 채 되지 않았다고 한다. 그런데 더 중요한 것은 사람들이 틀린 패턴이었다. 가장 많은 사람들이 고른 오답은 '8'과 '빨간색'이었다. 이것이 의미하는 바는 무엇일까? 사람들은 명제가 틀렸음을 보여주는 사례, 즉 반증하는 사례보다는 명제와 부합하는 사례를 더 찾으려 했다는 것이다. 원래의 명제가 말하는 바와 마찬가지로, 8을 뒤집으면 빨간색이 있기를, 빨간색을 뒤집으면 짝수가 있기를 기대한 것이다. 여기서 8을 뒤집는 것은 정답이지만, 앞에서 설명한 것처럼, 빨간색을 뒤집었을 때 짝수가 있건 홀수가 있건 간에 명제의 진위 여부와는 아무런 논리적 상관이 없으므로, 이것은 오답이다.

이런 응답의 경향성이 심리학에서 말하는 확증편향의 대표적인 사례라고 할 수 있다. 정리하자면, 확증편향이라는 것은 어떤 명제나 믿음이 있고, 그것의 진위 여부를 확인해야 할 때, 그것을 반박할 수 있는 사례를 찾기보다는 그것을 확인해주는, 하지만 참을 확립해줄 수는 없는 사례만을 찾으려

하는 인간의 심리적 경향을 의미하는 개념이다. 확증편향은 다양한 실험과 상황에서 반복적으로 관찰되고 확립된 과학적 사실이다.

입맛에 맞는 뉴스만 고르는 선택적 노출

어떤 사람이 어떤 종류의 미디어를 주로 보는지 알면 그 사람의 정치적 성향을 상당히 정확하게 예측할 수 있다는 것은 전혀 놀라운 일이 아니다. 예를 들어 한국의 경우 어떤 사람이 주로 보는 미디어가 기존 3대 메이저 일간지, 즉《조선일보》·《중앙일보》·《동아일보》라면, 그 사람은 정치적으로 보수 성향에 가까울 것이라고 예측하는 것이 자연스럽다. 반대로《한겨레》·《경향신문》·《오마이뉴스》 등을 주로 본다면 그 사람은 진보 성향일 것으로 추측할 수 있다. 아예 전자 부류의 미디어를 '보수 언론', 후자를 '진보 언론'이라고 부르기도 한다. 이같이 자신의 성향에 따라 보는 미디어를 정하고, 반대 성향의 미디어를 전혀 보지 않는 것을 넘어 '기레기', '유사언론' 등으로 비하하는 행태가 한국 사회에 만연해 있다. 물론 그 이유를 들어보면 어느 정도 이해가 되는 경우도 있지만, 별 관련이 없는 경우에까지 그러한 원색적 비난을 퍼붓는 것을 흔히 볼 수 있다.

최근 미디어 분야에서 등장한 용어인 '선택적 노출selective exposure'은 확증편향이 미디어 선택 과정에 개입하여, 사람들이 자신의 입맛에 맞는 미디어를 선호하고 골라 보는 것을 의미하는 개념이다. 정보를 취사선택하고 전달할 권력이 주로 미디어 쪽에 있었던 과거와는 달리, 개인들이 어떤 정보를 접할지 스스로 선택하는 현대사회에서 그 가능성은 더 커졌다. 즉 미디어의 소비자가 과거에는 언론사가 취사선택한 정보를 수동적으로 받아들이는 처지였다면, 최근에는 자신의 입장을 '확인'시켜주는 미디어를 능동적으로 찾아내 소비하는데, 이는 정치적 입장의 양극화와 극단화로 이어질 수 있다.

최근 연구들은 실험을 통해 선택적 노출을 확인하고 있다. 예를 들어 미국 오하이오 주립대학교의 실비아 웨스터윅Silvia Westerwick과 동료들이 최근 수행한 연구[2]에서는, 실험 참가자들에게 다양한 사안에 대해 서로 다른 논조를 취하는 뉴스 기사들을 제시하고, 자신들의 입장과 부합하는 기사를 그렇지 않은 기사보다 많이 읽는지, 더 오래 읽는지 등을 정량적으로 측정하여 분석했다. 좀 더 구체적으로는, 연구자들이 사전에 만든 인터넷 뉴스 검색 결과를 헤드라인들과 함께 참가자들에게 제시하고, 참가자들이 자유롭게 기사를 골라 읽을 수 있게 한 다음, 방문 기록 데이터를 수집하여 분석했다.

데이터를 분석한 결과, 사람들은 자신들의 입장에 부합하는 기사를 그렇지 않은 기사보다 더 많이 읽었다는 것을 확인할 수 있었다. 즉 부합하는 뉴스 기사는 평균 3.88개 읽은 반면, 그렇지 않은 뉴스 기사는 평균 2.82개 읽었고, 그 차이는 통계적으로 유의했다. 심지어 이는 사람들이 지닌 서로 다른 인지적 특성을 통계적으로 보정한 뒤에도 유의했다. 그리고 기사를 읽은 시간에서도 차이가 발견되었다. 사람들은 자신들의 입장에 부합하는 기사는 평균 261초 동안 읽은 반면, 그렇지 않은 기사는 평균 168초간 읽었으며, 이 차이 또한 통계적으로 유의했다. 해당 논문 저자들은 이 결과를 확증편향이 작용한 것으로 해석했다. 그 결과, 사람들은 자신들을 미디어에 '선택적으로 노출'하게 된다는 것이 저자들의 설명이다.

확증편향을 감소시키는 전략

확증편향을 극복하는 것은 일반적으로 매우 어렵다고 알

려져 있다. 물론 이를 극복하기 위해서는 자신의 믿음이 틀렸을 가능성은 없는지, 반대 사례는 존재하지 않는지 매번 고려해봐야 하겠지만, 모든 사람이 이런 능력을 높은 수준으로 지니고 있기를 바라는 것은 상당히 어려운 일이다. 특히 나중에 소개할 '동기화된 논증'이 함께 작용할 때, 비판적 사고는 쉽게 무력화된다.

그럼에도 불구하고 몇몇 연구자들은 확증편향을 감소시키는 데 효과적인 전략들을 탐구해왔고, 그중 어떤 것들은 부분적으로나마 성공적이었다. 여러 연구자에 의하면, 소위 '반대로 생각하기consider-the-opposite' 또는 '대안적으로 생각하기consider-the-alternative' 전략을 사용했을 때 확증편향의 강도는 약해진다고 한다. 이런 방식에서는 사람들에게 자신들의 입장과 반대되는 논리를 스스로 만들어보라고 하거나, '이랬다면 어땠을까'라는 식의 사고, 즉 반사실적 사고counterfactual thinking를 하도록 장려한다. 이 같은 방식을 통해 자신만의 사고의 틀에서 벗어나 다른 사람들의 처지를 이해하도록 요구하는 것이다.

사람들에게 직접 인지적 편향에 대해 알려주거나 기초 논리에 대해 교육하는 것이 도움이 된다는 연구 결과들도 있다. 이를테면 실험 참가자들에게 웨이슨 선택 과제에 대해 알려주고, 사람들이 흔히 고르는 오답이 왜 틀렸는지 설명해주는 것이다. 이와 같은 방식을 '심리교육적 방법psychoeducational method'이라고 부른다. 하지만 연구 결과들은 이 같은 방법들의 효용성에 대해 엇갈린 결론을 내놓고 있어서 효율적인 방법이라고 단정 짓기는 힘들 것 같다.

미국 에모리대학교의 스콧 릴리언펠드Scott Lilienfeld 교수와 동료들이 2009년에 출간한 한 논문[3]에 따르면, 확증편향을 극복하기 힘든 이유는 다음과 같다. 첫째, 사람들은 스스로 편향에 빠져 있다고 인정하지 않으며, 따라서 편향을 제거할 필요 자체를 느끼지 않는다. 이를 '편향 맹점bias blind spot'이라고 부른다. 둘째, 편향을 고치는 것이 자신의 삶에 도움이 된다고 여기지 않는다. 셋째, 설령 특정 상황에서 편향을 제거하는 훈련을 받았다 할지라도, 그것이 삶의 다른 영역에 퍼져 적용되지 않을 가능성이 크다. 넷째, 편향을 제거하기 위한 노력의 효과는 개인차, 문화적 차이, 성격, 인지적 성향 등에 크게 좌우된다. 즉 어떤 사람에게는 효과가 있는 편향 제거 방식이 다른 사람들에게는 효과가 없을 가능성이 크다. 다섯째, 편향을 제거하려는 방법이 때로는 역으로 작용하기도 한다. 이를테면 앞서 언급했다시피 '이랬다면 어땠을까'를 참가자에게 생각하게 했을 때, 어떤 참가자들은 '내 생각과 다르게 세상이 움직였을 가능성은 전혀 없다'는 식으로 반응함으로써 오히려 자신의 확증편향을 강화하기도 한다는 것이다. 역시 확증편향을 극복하는 것은 그리 쉬운 일이 아닌 것 같다.

악마의 대변인 자처하기

확증편향은 스스로 알지 못하는 상황에서 빠르게 작동하고, 인지적 기제 외에도 감정과 동기 등 다양한 요인이 작용하는 현상이기 때문에 개인적 차원에서 대항하기는 참 곤란하다. 하지만 약간의 희망을 던져주는 연구들이 존재하기는 한다. 마지막으로 그런 연구 하나를 살펴보고 이 장을 마치고자 한다.

웨이슨의 실험 이후, 몇몇 연구자들은 이 실험을 논리적 틀은 그대로 유지하면서 내용은 바꾸었을 때 같은 결과가 나오는지 후속 연구를 진행했다. 과학에서는 이처럼 앞서 이루어진 연구가 참인지 다시 해보는 연구를 '재현연구Replication study'라고 부른다. 미국 플로리다대학교의 제임스 콕스James Cox

와 리처드 그릭스Richard Griggs가 1982년에 한 연구[4]에서는 다음과 같은, 실험 참가자들에게 좀 더 친숙한 내용의 명제를 제시했다.

"누군가 맥주를 마시고 있다면, 그 사람은 19세 이상이다".

앞에서 본 웨이슨 선택 과제에서처럼 이상한 카드 뒤집기나 하는 상황보다는 훨씬 현실적이다. 예를 들어 술집 주인 입장에서 이 과제를 잘 해내지 못하면 벌금을 물거나 가게 문을 닫아야 할지도 모르니 말이다. 아무튼 참가자들은 다음의 네 가지 경우 중 어떤 것들을 확인해야 명제가 참인지 검증할 수 있느냐는 질문을 받았다: "맥주를 마시고 있다", "코카콜라를 마시고 있다", "16세다", "22세다". 여기서 웨이슨의 원 실험과 마찬가지 논리를 적용하면, 네 가지 중 "맥주를 마시고 있다"와 "16세다"가 참인지 확인해야 한다. 즉 맥주를 마시고 있으면 그 사람은 19세 이상이어야 하고, 16세면 그 사람은 맥주를 마시고 있어서는 안 된다. 이 네 진술의 논리값은 원 실험과 완전히 같다. 하지만 놀랍게도 이렇게 내용만 바꾸어 제시했을 때, 사람들이 보여준 정답률은 74퍼센트에 달했다고 한다. 즉 확증편향의 정도나 강도는 그 논리적 구조뿐 아니라, 내용이 제시되는 맥락에 크게 의존한다는 것이다.

적어도 이 책을 읽고 있는 독자들이라도 스스로 어떤 사안, 특히 민감한 사안에 대해 어떤 견해를 갖게 되었다는 느낌이 들었을 때, 그 견해에 의도적으로 도전해보는 습관을 들이면 도움이 될 것이다. 스스로 '악마의 대변인devil's advocate'을 자처하는 것이다. 좀 더 구체적으로는 자신의 믿음에 도전이 될 만한 사례와 논증을 만들어보는 것이다. 해당 사안에 감정이나 진영이 개입하기 쉬울 때일수록 더욱. 물론 쉽지 않을 것이다. 이것은 인지적 노력을 요구하고, 따라서 힘들다. 하지만 습관이 되면 좀 덜 힘들어지지 않을까? 자신의 견해가 꼭 바뀌지 않더라도, 논리를 더 가다듬고 논리정연하게 만드는 효과가 있을 것이다. 그리고 누가 알겠는가? 그런 습관이 나중에 인터넷상에서 하게 될 토론—이라고 쓰고 흔히 '키배(키보드 배틀)'라고 읽겠지만—에 도움이 될지 말이다.

2.

인지적 구두쇠, 생각하지 않으려 한다

생각은 공짜가 아니다

모든 것을 돈으로 치환시키는 건 참 잔인한 일이지만, 노골적으로 말하자면 생각도 일종의 '돈'이다. 때로는 말 그대로 그렇다. 직장에서 생각을, 흔히 억지로 끌어내서 종이나 컴퓨터에 옮기고, 그 대가로 돈을 받는 것이 많은 사람들이 직장에서 하는 일 아닌가? 물론 누구나 그런 일을 하는 건 아니지만 말이다. 그런데 이렇게 노골적으로까지 이야기하지 않더라도, 생각은 일종의 '자원'이다. 사실 심리학자들은 '인지적 자원cognitive resource'이라는 말을 대놓고 논문에서 사용하는데, 이건 비유가 아니라 말 그대로 '자원'이라는 의미다. 그런데 자원이란 무엇인가? 검색엔진에서 '자원'을 키워드로 넣고 검색하니, "인간 생활 및 경제 생산에 이용되는 원료로서의 광물, 산림, 수산물 따위를 통틀어 이르는 말"이라는 결과를 준다. 여기서 '원료'라는 말을 좀 더 넓게 해석해서 무형의 것도 포함한다고 본다면, 생각도 자원에 포함시킬 수 있는 셈이다. 필자는 여기서는 '유용하면서 그 양이 제한된 것' 정도의 의미로 자원이라는 말을 사용하고자 한다.

생각, 즉 인지적 자원이 제한되어 있다는 아이디어는 놀랍게도 20세기에 와서야 학문의 장에서 제대로 논의되기 시작한 것 같다. 이를 처음 제안한 사람은 경제학자이자 인지과학자인 허버트 사이먼Herbert Simon으로 알려져 있다. 사이먼 본인은 수많은 학문적 업적을 남긴 천재로, 1975년에는 수학 분야에서 권위 있는 상인 튜링상을, 1978년에는 노벨경제학상을 수상했으니, 일반인보다는 상당히 큰 인지적 용량을 가진 사람이었음에 틀림없다. 하지만 그의 인지적 자원도 제한되어 있기는 했을 것 같다. 아무튼 그런 놀라운 인지적 용량을 가졌던 사이먼은 '제한적 합리성bounded rationality'이라는 개념을 처음 제안[1]했는데, 이는 그때까지의 경제학에서 가정되던 합리적 인간의 모습, 즉 무제한적인 합리성을 가지고 항상 최적의 선택만을 고집하는 인간은 현실에 존재할 수 없음을 의미하는 것이어서 그 파장이 컸다고 한다. 그때까지 경제학자들이 그런 생각을 못 했는지 안 했는지, 문외한인 필자로서는 참 의문스럽지만, 어쩌면 '콜럼버스의 달걀' 같은 것 아니었을지. 아무튼 인간의 합리성이 제한되어 있다면, 사람들은 최선이 아닌, 지적 용량의 한계 안에서 가능한 가장 좋은 선택을 내려야 한다는 결론에 도달한다. 이 아이디어는 경제학뿐 아니라 인간의 사고 과정을 연구하는 하위 분야인 '인지심리학Cognitive Psychology'에도 큰 영향을 끼쳤다. 그중 유명한 것으로, 이 장에서 다룰 '인지적 구두쇠cognitive miser' 이론이 있다.

인간은 인지적 구두쇠

위키백과는 대개 학술적인 무언가를 인용하기에는 부적절한 소스로 여겨지지만, 때로는 유용한 출발점 역할을 하기도 한다. 위키백과에서 'cognitive miser'를 키워드로 검색하면 다음과 같은 뜻이라고 나온다. "지능에 상관없이, 세련되고 노력을 요하는 방식보다는 간단하고 노력이 덜 드는 방식으로 생각하고 문제를 해결하려는 성향." 이 정도면 필자로서는 만족할 수 있을 것 같다.

그런데 위 정의에서 한 가지 주목해야 할 부분이 있다. 바로 '지능에 상관없이'라는 대목이다. 머리가 좋건 나쁘건 상관없이 인지적 구두쇠 성향은 누구에게나 있다는 이야기다. 그런데 생각해보면 이건 당연한 일이다. 누군가 돈이 많다고 하여 그 돈을 무조건 펑펑 쓰고 다니라는 법은 없다. "있는 놈이 더하다."라는 말도 있지 않은가? 당신에게 돈이 얼마나 있든 간에 그 돈은 제한되어 있고, 가능하면 절약해서 나쁠 것은 없다. 하물며 생각 같은 '비싼' 자원에 대해서는 더 말해 무엇하랴. 이 장에서 드는 예시를 통해 알게 되겠지만, 생각이라는 것은 사실 매우 비싼 자원이다. 두말할 필요 없이, 생각이 비싸다는 것을 확인하기 위해 다음의 문제를 풀어보자 (심리학 교양서를 평소에 열심히 읽는 독자라면 어디에선가 봤을 수도 있다. 그러나 상기 차원에서 다시 한번 풀어보자).

연필과 연필깎이를 합쳐서 모두 10,000원이다. 그런데 연필깎이가 연필보다 9,000원 더 비싸다. 둘은 각각 얼마일까?

답은 이 단락의 마지막에 제시하겠다. 여러분이 이 문제를 사전에 접해본 일이 없고, 정답에 대해 그리 심각하게 생각하지 않았다면, 여러분이 내놓은 답은 틀린 답일 가능성이 상당히 크다. 사실 아주 매력적으로 보이는 오답이 하나 있다. 그런데 동작 그만, 어디서 밑장 빼기를? 지금 와서 답을 바꾸려는 독자들이 눈에 선하다. 하지만 실망할 필요 없다. 이 장에서 말하려는 것은 그런 습관을 여러분만 지닌 게 아니라, 인류 보편의 특징이라는 것이다. 심지어 머리가 꽤 좋은 사람들도 마찬가지다.

위 문제는 사실 '인지적 숙고 검사cognitive reflection test, CRT'라는, 단 세 문항으로 구성된 매우 짧은 심리검사의 한 문제를 각색한 것이다. 사실 지난 2011년 노벨경제학상 수상자인 대니얼 카너먼Daniel Kahneman 교수가 쓴 대중서 《생각에 관한 생각Thinking, fast and slow》에서 이미 소개한 문항이기도 하다(그래서 앞에서 여러분이 문항을 알고 있을 수도 있다고 말한 것이다). 나머지 두 문항은 여기서 언급하지 않겠다. 사실 검색엔진에 검색하면 세 문항이 바로 뜨기도 하고, 대중에게 너무 많이 소개되어 연구자들이 다른 문항으로 대체해야 하지 않을까 걱정한 정도라고 하니, 문항들이 대중에게 얼마나 많이 노출되었는지 짐작할 수 있다. 아무튼 더 궁금하신 분들은 검색엔진 찬스를 쓰시면 되겠다.

놀라운 것은, 간단한 문제임에도 불구하고 인지적 숙고 검사의 정답률은 상당히 낮다는 것이다. 사실, 문제 자체는 답을 알고 나면 절대 어렵다고 할 수 없는 것들이다. 틀린 사람들도 설명을 들으면 10초 안에 '아~'라는 탄식과 함께 내가 왜 그런 답을 했을까 하고 자책할 것이다. 그런데 신기하게도 사람들은 이 문제를 너무 잘 틀리더라는 것이다. 매사추세츠공과대학교MIT의 경영학 교수인 셰인 프레더릭Shane Frederick이 2005년 《경제적 관점지Journal of economic perspectives》에 게재한 연구[2]에서는 미국의 다양한 지역의 대학에 다니는 학생들에게 CRT 문제를 풀게 한 다음, 학교별로 맞힌 개수의 평균을 산출했다.

그 결과는 놀라웠다. 평균 점수가 가장 낮았던 오하이오주 소재 털리도대학교의 경우, 평균 점수는 3점 만점에 0.57점이었다. 평균이 1점을 한참 밑돈다는 것은, 한 문제도 맞히지 못한 학생이 상당히 많았다는 것이다. 미국 최고 명문대라고 불리는 하버드대학교의 결과는 더 놀라웠다. 이 학교의 평균 점수는 몇 점이었을까? 한번 추측해보시라. 참고로 조사한 학교

가운데 가장 점수가 높았던 곳은 MIT로 평균 2.18점이었다. 하지만 여기서조차 정답률을 비율로 환산하면 73퍼센트밖에 되지 않는다. 아마 한국의 대학수학능력시험이나 미국 대학입학시험SAT에서 73퍼센트의 정답률을 받았다면 그만한 명문대에는 명함도 내밀기 힘들었을 것이다. 하지만 문제를 뜯어보면 사실 중학교 수준 이상의 지식을 요구하지 않는다는 점에 더 놀라게 된다. 이제 마지막으로 하버드대학교 학생들의 평균 점수를 알려주겠다. 평균 점수는 1.43점으로 100점 만점에 50점이 채 되지 않았다.

이제 미국 명문대생들도 제대로 못 풀었다는 나머지 두 문제가 궁금한가? 다시 말하지만 검색엔진에 물어보시라. 금방 알려줄 것이다. 그 문제들도 생각보다 쉽지는 않을 것이다. 마지막으로 앞 문제의 답을 알려주자면, 연필깎이 9,500원, 연필 500원이다. 연필깎이가 9,000원이라고 생각한 독자들이 꽤 많았을 것이다. 하지만 실제로 계산해보면 이것이 틀린 답임을 알 수 있다.

지능과 합리적 사고의 차이

다시 말하지만, 인지적 구두쇠 성향은 머리가 좋든 나쁘든 공통으로 작용하는 현상이다. 정도의 차이는 있을지언정, 완전히 자유로운 사람은 없다는 뜻이다. 필자도 여러분도 마찬가지다. 인간은 생각이라는 비싼 자원을 되도록 아끼려는 성향이 있다. 그리고 이것은 우리가 낭비되는 자원을 아낄 수 있게 해주기 때문에, 큰 이득이 된다. 단 우리를 둘러싼 상황이 그런 깊은 생각이 필요 없는 상황일 때에 한해서다. 그러나 점점 복잡해지는 현대사회는 우리에게 인지적 자원을 투자해야 할 일을 날이 갈수록 많이 만들어주고 있으며, 인지적 구두쇠 성향은 그런 환경에서 큰 실수를 저지름으로써 돌이킬 수 없는 피해, 이를테면 금전적 손실을 입을 위험을 가져다준다. 이와 관련해서는 5장에서 '생태적 합리성'에 대해 이야기할 때 더 자세히 말할 기회가 있을 것이다.

언론에서 접하는 뉴스 중에는 정말 이해하기 힘든 것들도 간혹 있다. 예를 들어 사이비종교에 전문직 종사자들이 빠져드는 경우가 종종 있다는 것이다. 아마도 그들은 평균 이상의 지능을 가졌을 것이며, 상당수는 상당히 높은 지능을 가졌을 것이다. 그런데도 그들은 왜 외부인의 눈에는 명백히, 매우 이상하게 보이는 것을 믿는가? 개별 사례로 들어가면 매우 복잡한 이유들이 있을 것이다. 쉽게 남에게 털어놓기 힘든 속사정이 있을 수도 있다. 하지만 그들이 비판적 사고를 제대로 했다면 사이비종교에 빠져들지 않거나 빨리 빠져나오는 길이 있었을지도 모른다.

그들의 불행해진 인생사는 잠시 미루어두고 여기서 관찰해야 하는 것은, 지능 자체가 뛰어난 것과 그것을 합리적 사고를 위해 실제로 동원하는 것 사이에는 간극이 있다는 것이다. 그리고 이는 실제 심리학 연구가 보여주는 바다. 인간의 사고 과정에 대해 오랜 시간 연구해온, 지금은 은퇴한 캐나다의 저명한 인지심리학자 키스 스타노비치Keith Stanovich 교수와 동료들이 2014년 게재한 연구[3]에 따르면, 지능검사 점수보다 CRT 점수가 인지적 과제에서 합리적 사고를 사용하는지의 여부를 더 잘 예측하는 것으로 나타났다. 그뿐만 아니라, 각종 잘 알려진 인지적 편향을 피하는 것 역시 지능검사보다는 CRT 점수와 더 상관이 많았다. 세 문항밖에 안 되는 검사 점수가 이렇게 예측력이 좋은 것은 놀라운 일이다. 심지어 훨씬 더 많은 문항을 사용한 지능검사보다도 예측력이 좋다는 것은 실로 불가사의하다. 하지만 이것이 현실이다.

이중 처리 이론과 '마인드웨어'

인지적 구두쇠 현상의 근본적 동기, 즉 생각이라는 비싼 자원을 아끼려는 성향이 분명해 보인다면, 그 구체적 기작은 무엇일까? 영국의 심리학자 조너선 에번스Jonathan Evans와 앞서 언급한 키스 스타노비치가 2013년 《심리과학 조망Perspectives on Psychological Science》에 게재한 논문[4]에 따르면, 인지적 구두쇠 현상은 이미 잘 알려진 심리학 이론인 '이중 처리 이론dual process theory'이라는 것과 관련이 있다. 이중 처리 이론의 핵심은 간단하다. 인간이 외부 정보를 받아들이고 처리할 때 두 개의 서로 다른 '경로pathway'를 사용한다는 것이다. 첫 번째 경로는 빠르고 자동적이며 직관에 의존하여 작동하는 반면, 두 번째 경로는 느리고 '수동적'으로 작동하는 대신 정교하다. 사람들은 이 두 가지 경로 중 하나를 선택해 의사결정을 한다는 것이다(물론 경로의 선택이 의식적으로 일어나는 것은 아니다). 이 주장에 따르면, 인지적 구두쇠 현상은 주로 첫 번째 경로를 통해 의사결정이 이루어질 때 발생할 것처럼 보인다. 여기서 한 가지 주의할 것은 이중 처리 이론은 상당히 많은 인지적 현상을 설명해주지만, 그 자체로서는 연구자들 사이에서 다소 논란의 대상이 되고 있다는 것이다. 그러니 이것이 인간 심리의 모든 측면을 완벽히 설명한다고 생각하지는 말도록 하자.

그런데 스타노비치 교수가 2018년 《사고와 논증Thinking and Reasoning》 지에 게재한 논문[5]에서는 앞에서 말한 '첫 번째 경로'를 거친 사고가 반드시 인지적 구두쇠적인, 틀린 사고는 아닐 수도 있다는 흥미로운 주장을 내놓았다. 스타노비치 교수는 이 논문에서 '마인드웨어mindware'라는 개념을 사용한다. 작명법을 보면 '하드웨어', '소프트웨어' 등에 마음을 빗댄 것이라는 것을 바로 눈치챌 수 있는데, 마인드웨어란 기반 지식, 규칙, 절차, 전략 등 특정 과제를 잘 수행하려면 필요한 다양한 종류의 지식을 일컫는 말이다. 거꾸로 이런 것들이 잘 갖추어져 있지 않으면 과제를 제대로 수행할 수 없다. 이를테면 앞에서 본 CRT 예제를 성공적으로 풀어내려면 일차방정식에 대한 형식적 이해, 아니면 적어도 그에 대한 직관적 이해 또는 검산의 필요성 등이 미리 습득되어 있어야 한다. 그리고 무엇보다 중요한 것은 내가 틀렸을지 모른다는 일종의 메타인지 능력metacognitive ability일 것이다. 이런 것이 결여된 사람은 CRT 과제를 성공적으로 풀어낼 수 없다.

'마인드웨어'의 역할과 관련하여, CRT와 같은 과제를 수행할 때 '첫 번째 경로'를 억제하지 못하는 이유로는 다음과 같은 것들이 있을 수 있다고 한다. 첫째, 애초에 두 가지 '경로'가 내놓는 답이 상충한다는 것을 눈치채지 못할 수 있다. 둘째, 갈등을 눈치채는 데 필요한 마인드웨어는 있지만, 그것을 작동시킬 필요를 못 느낄 수 있다. 이를테면 앞에서 본, 명문대에 간 우수한 지능의 학생들이 CRT 과제를 통과하지 못하는 경우 같은 것 말이다. 셋째, 두 경로가 내놓는 답이 상충한다는 것을 알아채고, 필요한 마인드웨어도 어느 정도 갖추어져 있지만, 충분한 연습을 거치지 않았기 때문에 '첫 번째 경로'가 내놓는 답을 억제하는 데 어려움을 겪는 경우다. 이 셋 중 하나에만 걸려도 '첫 번째 경로'가 내놓는 잘못된 답을 억제하지 못할 수 있다.

그런데 여기서 반전이 있다. '첫 번째 경로'의 작동이 언제나 문제에 대한 잘못된 답으로 이어지지는 않는다는 것이다. 예를 들어 아주 높은 수준의 수학적/공학적 훈련을 받은 사람이 있다고 하자. 그런 사람은 아마도 앞의 CRT 문제를 보았을 때 뭔가 함정이 있다는 것을 큰 노력을 들이지 않고도 알아챌지도 모른다. 그런데 어느 분야나 어느 정도는 그렇겠지만, 충분히 많은 연습을 거친 사람들은 꽤 복잡한 절차를 거쳐야 하는 동작도 거의 습관처럼 하는 것을 볼 수 있다. 마찬가지로 어떤 사람들은 연습을 너무나 많이 한 나머지 '첫 번째 경로'에 이미 그런 유형의 문제를 푸는 방식이 각인되어 있을 수 있다. 이런 경우에는 설령 '첫 번째 경로'가 활성화되어도 옳은 답이 나온다. 사실 '두 번째 경로'를 활성화하는 것이 이런 경우에는 오히려 손해일 뿐 아니라, 자동화되지 않은 과정을 거침으로써 오히려 더 부정확한 답으로 이어질지도 모른다. 스타노비치 교수는 이런 가능성에 대해 논문에서 언급하면서, 모든 인지적 구두쇠 현상의 혐의를 '첫 번째 경로'에 뒤집어씌우는 것은 옳지 않다고 말한다.

이 이야기는 우리에게 얼마간의 희망을 준다. 우리는 훈련을 통해—그것이 설령 그리 적은 양의 훈련은 아닐지 모르지만—'첫 번째 경로'를 억제하거나, 설령 활성화돼도 옳은 답을 내도록 자동화할 수 있다는 것이다. 설령 우리가 그것을 알아채지 못할지라도 말이다.

구두쇠 전략의 장단점

마지막으로, 좀 더 근본적인 질문을 던져보자. 인지적 구두쇠는 나쁘기만 한 현상일까? 우리는 애초에 인지적 구두쇠가 어떤 점에서 긍정적 효과를 가져오는지 이미 이야기했다. 그것은 우리가 각종 문제에 대해 빠르고 값싼 응답, 다시 말해 최선의 응답보다는 일종의 '적당히' 좋은 응답을 내놓을 수 있게 해준다는 것이다. 그런데 사실 이게 다가 아니다. 특정 상황에서는 구두쇠적인 응답이 복잡한 응답, 즉 '두 번째 경로'를 거친 응답보다 오히려 더 정확할 것으로 기대되는 경우도 있다. 심지어 인지적 비용도 덜 들고, 더 빠를 것으로 기대할 수 있다. 자동화된 반응이기 때문이다. 이런 상황에서 인지적 구두쇠는 두 마리 토끼, 즉 경제성과 정확성을 모두 잡는 셈이다. 만약 이게 참이라면 구두쇠가 되지 않을 이유가 없지 않을까?

약간 엇나가는 이야기지만, 이 물음에 대한 답은 의외로 요즘 각광을 받는 통계학과 기계학습(머신러닝Machine Learning) 분야에서 그 단초를 찾을 수 있다. 통계학자들이나 기계학습 과학자들은—이들을 여기서는 '데이터과학자'라고 부르기로 하자—현상을 수학적 모형을 통해 단순화하고, 그것을 사용해 미래에 대해 예측을 한다. 그런데 그 수학적 모형이 얼마나 단순해야 하는지는 상황에 따라 다르다. 예를 들어 현상이 충분히 단순하면 일차함수, 혹은 그보다도 더 간단한 단 하나의 숫자(이를테면 평균)로 단순화시킬 수 있다. 여기서 일차함수란 쉽게 말하면 어떤 값이 증가하면 다른 것도 그에 비례하여 증가하거나 감소하는 관계가 있는 경우를 일컫는 말이다(이를테면 물건의 개수와 가격).

그러나 현상이 복잡하면 모형도 따라서 어느 정도는 복잡해져야 상황을 올바르게 묘사할 수 있다. 예를 들어 현상의 참모습은 이차함수라고 해보자. 복잡한 설명을 건너뛰고, 일차함수와 이차함수가 가장 다른 점이라면, 일차함수는 하나의 값이 변함에 따라 다른 값이 계속 증가하거나 감소하기만 하는 반면, 이차함수는 특정 시점까지는 증가 또는 감소하다가, 그 시점을 넘어서면 증감이 바뀐다는 것이다. 따라서 이 두 함수는 양적으로 다를 뿐 아니라 질적으로도 다르고, 이차함수로 묘사되어야 할 현상에 일차함수를 사용하면 국소적으로는 어느 정도 가까운 값을 얻을지 몰라도, 전반적으로는 크게 빗나갈 수밖에 없다. 그런데 재미있는 것은 반대 경우도 참이라는 것이다. 증가 또는 감소 추세가 바뀌는 일이 없는데도, 다시 말해 현상의 참된 모습이 일차함수에 가까운데도 더 복잡한 모형인 이차함수를 고집한다면, 그 역시 현상의 모습을 제대로 포착하는 데 실패하고 말 것이다.

이처럼 현상에 대해 단순하고 간결한 설명이 존재하는데도, 굳이 더 복잡한 설명을 채택하여 결국 현상을 제대로 포착하는 데 실패하는 것을 데이터과학에서는 '과적합overfitting'이라고 부른다. 과적합은 데이터과학자들이 예측 분석을 할 때 가장 피해야 할 함정 1순위에 꼽히는 요소다. 과적합을 피하기 위한 여러 가지 기법이 존재하고, 이를 다양하게 적용하여, 가장 적절한 정도로 복잡한 수학적 모형을 찾는 것이 사실 데이터과학자들이 밤낮으로 하는 일이다. 과적합의 원리는 어디에나 적용되는 일반적인 것이어서, 최근 유행하는 딥러닝deep learning을 구현할 때도 과적합을 어떻게 피할 것인지가 초미의 관심사다.

이제 원점으로 돌아가서, 비유하자면 인지적 구두쇠 현상—아니 이제는 인지적 구두쇠 알고리즘algorithm이라고 불러도 될 것 같다—은 세상에 대한 일종의 '간단한 모형'이다. 이것을 무턱대고 아무렇게나 사용하면 당연히 큰 낭패를 볼 것이다. 그러나 복잡한 사고를 요하지 않는 경우에 인지적 구두쇠 전략은 대부분 놀랍게 잘 작동한다. 이럴 때는 오히려 복잡하게 생각하는 것, 즉 '두 번째 경로'를 거친 해법이 덜 정확할 수 있다는 것이다. 마치 일차함수로 묘사될 수 있는 현상에 이차함수를 사용하려 하는 것과 같이 말이다. 모든 세상사가 복잡한 해법을 요하는 것은 아니다. 때로는 간단한 해법이 더 잘 작동한다.

이를테면 결혼과 같은 인생 중대사도 매우 간단한 몇 가지 '휴리스틱heuristic', 즉 의사결정 규칙들을 사용해서 결정하는 사람들이 많다. 그러나 그런 사람들이 다 불행한 삶을 사는 것은 아니며, 그중 상당수는 상당히 행복한 삶을 산다. 거꾸로 그런 상황에서 이것저것 따지며 매우 신중하게 배우자를 고르는 사람들도 많이 있다. 그러나 그런 사람들이라고 하여 대체로 더 행복한 삶을 누리는가? 필자는 잘 모르겠지만, 분명 그들 중 '장고 끝에 악수 두는' 선택을 한 사람들도 많이 있을 것이다. 이는 결혼 상대의 적합성을 판단하기에는 현실적으로 사용 가능한 증거가 턱없이 부족하기 때문이다. 좀 더 통계학적으로 말하자면 '잡음noise'이 너무 많은 상황이라는 것이다. 이런 상황에서 너무 복잡한 의사결정 규칙을 쓰면 자칫 부작용을 낳을 수 있다. 지나치게 이것저것 재고 따지면 오히려 안 좋은 배우자를 만날 수도 있다는 것이다. 재고 따지는 것에 대해 도덕적으로 비난하려는 게 아니라, 실제로 그것이 안 좋은 결과로 이어질 수 있다는 것이다.

이런 생각을 좀 더 구체화하고, 심리학 이론으로 승화시킨 사람이 바로 독일의 심리학자 게르트 기거렌처Gerd Gigerenzer다. 그리고 이 외에도 인간의 간단한 사고방식에 대한 의존이 사실은 합리적인 것일 수 있다고 보는 연구자들이 꽤 있다. 이것은 5장에서 '생태적 합리성'을 이야기하며 좀 더 자세하게 살펴볼 것이다.

아이러니한 것은, 이런 '구두쇠' 전략들은 많은 경우 긍정적 결과를 가져다주지만, 결정적인 순간에는 언제든 주인을 배반할 수 있다는 것이다. 물론 간단한 의사결정 규칙이 유용할 때가 많다. 앞에서 예로 든 일차함수의 경우처럼 말이다. 그러나 현실은 그렇게 간단하지 않을 때가 많다. 특히 현대사회처럼 매우 복잡다단하고, 의사결정을 내릴 때 고려해야 할 변수가 많은 경우 특히 그러하다. 이럴 때 인지적 구두쇠 성향을 유지하면 자칫 매우 좋지 않은 결과로 이어질 수 있다. 따라서 이를 적당히 억제하고, 필요한 경우에 인지적 자원을 적극적으로 사용하려는 자세를 가져야 할 것이다. 그것이 우리의 미래를 결정하는 중요한 의사결정일 때는 더 말할 필요도 없을 것이다.

3.

동기화된 논증, 내 편에 유리한 방향으로 해석한다

팔은 안으로 굽는다

지금까지 진영 논리를 낳는 인지적 과정 두 가지, 즉 확증편향과 인지적 구두쇠 현상에 대해 살펴보았다. 그런데 사실 진영 논리를 설명하려고 거창하게, 복잡한 인지과정에 대한 이야기를 꼭 해야 하는 것은 아니다. 인지적인 요소와 상관없이, 우리는 살아가면서 정서적인 이유로, 쉽게 말해 '그러고 싶어서' 한쪽 편을 들 때가 많다. '팔이 안으로 굽는다'라든지, '아전인수'라는 말이 괜히 있는 것이 아닐 것이다. 이런 경우 사람들은 확증편향이나 인지적 구두쇠 현상보다는—물론 그런 것들이 작용했을 수도 있겠지만—어떤 직접적이고 정서적인 동기 때문에 진영 논리를 취하기도 한다.

심리학자들이 이런 현실을 모를 리가 없다. 심리학에는 이처럼 어떤 동기가 있을 때, 그 방향으로 논증 방향이 틀어지는 현상을 가리키는 학술용어로 '동기화된 논증motivated reasoning'이라는 것이 있다.[1] 사람들은 자신이 원하는 결론이 이미 정해져 있을 때, 그에 유리한 방향으로 논증을 구성하고, 정보를 해석 및 평가하는 경향이 있다. 쉽게 말해 사람들은 '편들기'를 하는 경향이 있다는 것이다. 동기화된 논증이라는 학술용어는 살아가며 누구나 경험하는 이런 보편적인 현상을 점잖은 학술용어로 표현한 것이다. 동기화된 논증의 사례는 흔히 접할 수 있으므로, 사람들이 그것에 쉽게 빠져드는 것을 굳이 증명해야 할 것 같지는 않다. 실제로 관련 문헌을 봐도 동기화된 논증이 광범위하게 일어나는 현상이라는 데는 큰 이견이 없다.

심리학자들이 동기화된 논증 현상을 실증적으로 보이려고 한 재미있는 실험들이 있는데, 이런 실험들에서는 어떤 사안에 대한 똑같은 자료를 서로 다른 입장을 가진 사람들에게 보여준다. 재미있게도, 사람들은 같은 자료를 두고서도 서로 자신의 입장을 지지하는 자료라고 주장한다는 것이다. 잔에 물이 반 정도 차 있는 것을 보고 '물이 반이나 차 있다'라고 말할 수도 있고, '물이 반밖에 차 있지 않다'라고 말할 수도 있는 것에 비유할 수도 있을 것이다. 하지만 실제로 동기화된 논증이 작동하는 방식은 조금 더 복잡하다.

지금부터 사람들이 어떻게 자신도 모르는 사이에 동기화된 논증에 빠져드는지, 지금까지 심리학자들이 해왔던 구체적 실험들을 통해 엿보도록 하자.

입장에 따라 다르게 해석된 자료

미국 스탠퍼드대학교의 찰스 로드Charles Lord와 그의 동료들은 1979년 재미있는 연구[2]를 발표했다. 그 결과는 사회심리학 부문에서 가장 권위 있는 학술지인 《성격 및 사회 심리학지Journal of Personality and Social Psychology》에 실렸다. 연구자들은 민감한 사회적 이슈에 대해 서로 다른 입장을 가진 사람들에게 완전히 같은 정보를 제공했을 때, 그들의 입장이 어떻게 달라지는지 조사했다. 한국에서도 그렇듯이, 미국에서 사형제 존폐 여부는 첨예한 사회적 논란의 대상이다. 이 글을 쓰고 있는 지금 미국에서는 21개 주에서 사형제를 완전히 폐지했고, 나머지는 그렇지 않다. 절반이 조금 안 되는 주에서 사형제가 폐지되었고 나머지는 그렇지 않으니, 이 상황만 봐도 사형제에 대한 견해가 통일되어 있지 않다는 것을 알 수 있다.

이 실험에서 중요한 점은 연구자들이 실험 참가자들에게 준 정보가 완전히 한쪽을 지지하는 것이 아니라, 애매하게 섞여 있었다는 것이다. 그리하여 실험 참가자들이 자신들의 입장에 맞게 해석할 수 있는 여지를 주었다. 구체적으로는, 사형제를 찬성 또는 반대하는 대학 학부생 24명씩 총 48명을 대상으로, 다음과 같은 두 가지 가상의 연구 결과를 주었다.

> '크로너'와 '필립스'는 1977년 14개 주state를 대상으로 사형제 도입 전후 1년간 살인 범죄 발생률을 비교했다. 그 결과, 11개 주에서 살인 범죄 발생률이 하락했다. 이 연구는 사형제의 범죄 억제 효과를 지지한다.

> '파머'와 '크랜델'은 1977년 서로 다른 사형제 관련 법률을 시행하는, 열 쌍의 인접한 주들의 살인 범죄 발생률을 비교했다. 그중 여덟 쌍에서 발생률은 사형제가 있는 주에서 더 높았다. 이 연구는 사형제의 범

죄 억제 효과를 반박한다.

두 '연구 결과'는 사형제 존치 여부에 대한 상반된 결론으로 이어진다. 따라서 이들은 사형제 존치에 대한 일관된 결론에 이르기보다는, 관점에 따라 이렇게도 저렇게도 해석될 수 있는 여지를 남겼다. 이 둘을 읽고 나서, 참가자들은 위 연구들이 얼마나 잘 이루어졌는지, 그리고 연구 결과들이 사형제의 효과에 대해 얼마나 설득력이 있는지에 대해 -8점에서 8점 사이의 숫자로 응답했다. 여기서 숫자가 클수록 연구가 잘 이루어졌다, 또는 각 연구가 설득력이 있다는 것을 의미했다.

연구자들이 자료를 모아 분석했더니, 재미있는 결과가 나왔다. 애초에 사형제에 찬성하던 사람들은 위의 첫 번째 '연구'를 두 번째 '연구'보다 더 설득력이 있으며(+1.4대 -1.8), 더 잘 수행되었다고(+1.5대 -1.6) 응답했다. 그러나 반대하던 사람들은 거꾸로 두 번째 연구가 첫 번째 연구보다 더 믿을 만하며(0.1대 -2.1), 더 잘 수행되었다고(-0.3대 -2.1) 응답했다. 그리고 이 차이들은 통계적으로 유의했다. 똑같은 자료를 보고도 처음의 입장에 따라 평가가 이렇게 엇갈린다는 것이다.

연구자들은 또 참가자들에게 위 자료를 읽기 전/후에 사형제에 대한 견해가 어떻게 달라졌는지도 물었다. 그 결과, 애초에 사형제를 지지하던 사람들과 반대하던 사람들 모두 처음보다 원래의 의견을 지지하는 정도가 더 높아졌다. 다시 말해, 참가자들의 의견은 더욱 '극화polarize'되었다. 구체적으로는, 애초에 사형제를 지지하던 사람들은 평균 0.6점, 반대하던 사람들은 평균 0.5점만큼 사형제에 대한 찬/반 태도가 더 강화되었다고 응답했다.

똑같은 자료를 보여주었는데도 사람들은 자신이 애초에 믿는 바에 맞추어 자료를 해석하더라는 결과는 다소 우울한 결론으로 이어진다. 저자들은 논문 마지막 단락인 '사회과학 연구와 사회정책'에서 다음과 같이 말한다.

> 서두에서 그랬듯이, 우리는 사회정책과 그에 대한 공공의 태도/믿음 간의 중요한 연결 고리들, 그리고 사회과학자의 역할에 대해 고려하는 것으로 이 논문을 마무리한다. 우리의 연구가 무엇인가를 밝혀냈다면, 그것은 사회과학자들이 첨예한 사회적 이슈들에 대해 단지 '객관적인' 자료를 제공하는 것으로부터, 정책에 대한 합리성, 계몽, 합의 등이 자연히 떠오르리라고 기대해서는 안 된다는 것이다. 만약 대립하는 견해를 가진 사람들이 동일한 증거에 대해 각각 지지 증거를 찾을 수 있다

면, 복잡하고 감정적인 사회적 이슈를 다루면서도 불완전한 설계, 측정, 분석 방식 등에 의존해야만 하는 사회과학 연구가 논쟁을 잠재우기보다는 기름을 부을 것임은 놀라운 일이 아니다.

요약하자면 단지 '팩트'를 제공하는 것만으로는 사회적으로 첨예하게 대립하는 이슈를 해결할 수 없으며, 그것은 서로 다른 집단이 같은 증거도 서로 다르게 해석할 여지가 있기 때문이라는 것이다. 그럼 어떻게 해야 하나? 연구자들은 이 논문에서 말하는 바가 없다. 아마 그들도 이 질문에 대한 명쾌한 답이 있다고 생각하지는 않았을 것 같다.

동기화된 논증의 원인은 '객관성의 환상'

지금까지 우리는 동기화된 논증에 대한 한 고전적인 연구에 대해 살펴보았고, 사람들이 똑같은 증거를 어떻게 자신들의 입장에 따라 '굽혀서' 받아들이는지를 알게 되었다. 그런데 애초에 사람들은 왜 이런 짓을 하는 것일까? 자신이 지닌 입장과는 독립적으로 좀 더 이성적이고 합리적인 판단을 내릴 수는 없는 걸까?

이 질문에 대한 한 유력한 답은, 동기화된 논증은 기억에 대한 선택적인 접근을 통해 일어난다는 것이다. 애초에 사람들은 모호한 증거를 보면 자신들의 입장과 유관한 기억을 선택적으로 인출해서 상황을 재구성한다는 것이다. 중요한 것은, 이것이 스스로 알지 못하는 사이에, '무의식적으로' 일어난다는 것이다. 이 주장이 맞는다면, 우리는 동기화된 논증에 맞서 싸우기 매우 힘들다는 결론에 도달한다. 스스로 동기화된 논증을 하고 있다는 것 자체를 알 수 없다는 의미가 되기 때문이다.

1990년 프린스턴대학교의 지바 쿤다Ziva Kunda가 유명 학술지인 《심리학 회보Psychological Bulletin》에 낸 논문[3]이 이 같은 주장을 담고 있다. 쿤다는 이 논문에서 '편향된 기억 탐색biased memory search'이라는 개념에 관해 이야기한다. 이것은 사람들이 '답이 정해진' 방향의 주장을 뒷받침하려고, 그 주장과 유관한 기억에 선택적으로 접근하고, 인출하려고 하는 성향을 의미한다. 주의할 것은, 여기서 사람들은 남을 속이려 한다든지 하는 나쁜 의도를 전혀 지니고 있지 않다는 것이다. 오히려 그 반대다. 사람들은 자신의 주장을 논리적으로 뒷받침할 만한 '좋은' 근거를 기억 속에서 끄집어내려 하는 것이다. 문제는 이 과정에 반대편 주장에 대해서는 이루어지지 않는다는 것이다. 그 결과, 원래 방향을 지지하는 근거만 남게 된다는 것이다. 쿤다는 관련 증거를 검토한 뒤, 비록 그 증거는 다소 간접적이지만, '편향된 기억 탐색' 가설이 많은 실험 결과를 잘 설명한다고 주장했다.

특히 논문의 다음 구절이 '편향된 기억 탐색'이 어떻게 작동하는지 집약한 부분이다.

> 나는 특정 결론에 도달하려는 동기를 가진 사람들이 합리적 판단을 내리려 하며, 그들이 원하는 결론에 대해 별 관심 없는 관찰자를 설득할 만한 정당화를 만들어내려 한다고 주장한다. 그들은 그 결론을 뒷받침할 만한 증거를 모을 수 있을 때만 원하는 결론을 이끌어낸다. 다시 말하면, 그들은 '객관성의 환상'에 빠져 있다.

이 주장이 참이라면, 우리는 이제 극단적 진영 논리에 빠진 일부 사람들이 왜 그렇게 확신에 차 있고 남들을 설득하려 하는지 이해할 수 있다. 그들은 스스로 옳은 행동을 한다고 믿는 것이다!

'당파적 논증자'의 미디어 소비

지금까지 살펴본 바에 따르면, 동기화된 논증에 빠진 사람들은 기억 속에서 자신들의 입장을 지지하는 증거들을 선택적으로 골라 겉보기에 그럴듯한 논증을 구성하는 반면, 반대 증거는 찾지 않거나 의도적으로 무시할 것임을 예상할 수 있다. 그 결과 자신의 논증을 지지하는 증거를 그렇지 않은 증거보다 더 많이 가졌을 것이라고 추측할 수 있다. 이런 추측을 지지하는 결과를 내놓은 연구가 실제로 있다. 사람들은 반대 입장을 충분히 검토해보지 않고 성급하게 결론에 도달한다는 것이다.

릴라흐 니르Lilach Nir가 2011년 《공적 의견 계간지Public Opinion Quarterly》에 발표한 연구[4]에서는 인지적 욕구need for cognition, 평가에 대한 욕구need to evaluate의 두 가지 축을 가지고 사람들을 분류했다. 첫 번째는 정확성에 관한 목표accuracy goals, 두 번째는 방향성에 관한 목표directional goals와 관련되어 있는데, 후자는 사실 특정 입장을 지지하고자 하는 동기라고 볼 수 있다. 이들 중 어느 것이 강하고, 어느 것이 약한지에 따라 사람들은 네 가지 유형으로 분류되었다.

첫째, '직관적 과학자' 유형의 사람들은 방향적 동기도 강

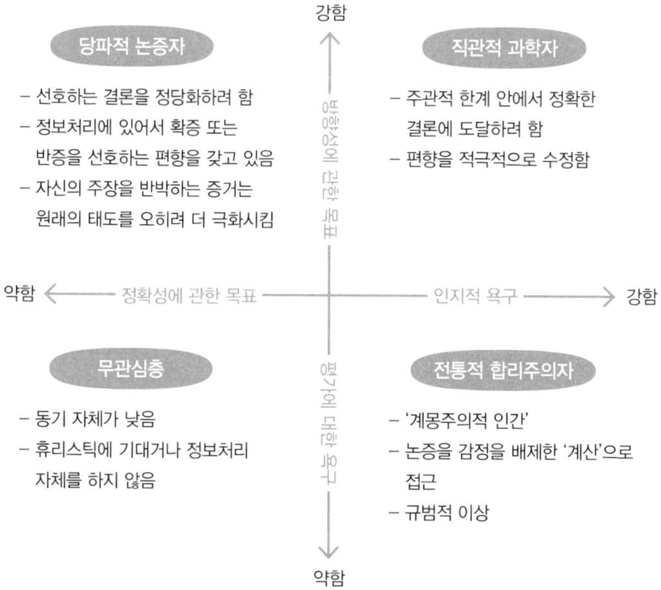

동기화된 논증의 네 가지 유형

하지만, 정확성에 대한 동기도 강한 사람들이다. 이 사람들은 자신들만의 입장을 취하지만, 자신들의 믿음에 반하는 증거를 발견하면 믿음을 수정할 준비도 되어 있다. 둘째, '당파적 논증자' 유형의 사람들은 방향적 동기만 강하고, 정확성 동기는 약하다. 이 사람들은 자신의 입맛에 맞는 증거만을 수집하려 하고, 강한 확증편향에 시달리며, 그 결과 강하게 극화될 위험을 안고 있다.

셋째, '무덤덤한' 유형의 사람들은 두 가지 욕구 모두 약한 사람들이다. 다시 말해, 사안 자체에 관심이 없는 사람들이다. 넷째, '전통적 합리주의자' 유형의 사람들은 당파성은 약하고 인지적 욕구는 강한 사람들이다. 이 사람들은 한쪽에 치우치지 않는 상태에서 합리적 계산을 통해 논증하고자 하는 성향을 가지고 있다. 이상의 유형들은 앞의 표에 정리되어 있다.

니르는 이 네 유형의 사람들에게 자신들의 입장과 반대파의 입장에 대해 지지하는 증거를 나열하라고 요구했다. 그 결과는 다음 페이지의 표에서와 같았다. 세로축은 사람들이 각 입장에 대해 내놓은 지지 근거의 개수를 표준화한 값을 나타내고(여기서 주의할 것은 0이 '0개'를 의미하지 않는다는 것이다. 평균을 빼고 표준편차로 나눈, '표준화'된 값이기 때문이다), 어두운 막대는 반대 진영의 논리, 밝은 막대는 자신이 지지하는 진영의 논리를 의미한다. 표를 보면, 예상대로 사안 자체에 '무덤덤한' 유형의 사람들은 가장 적은 수의 근거를 찾아냈다. 흥미로운 것은 다른 집단들의 결과다. '당파적 논증자' 유형의 사람들은 다른 두 유형의 사람들에 비해 찾아낸 이유의 개수가 현저히 적었고, '전통적 합리주의자' 유형의 사람들이 자신들

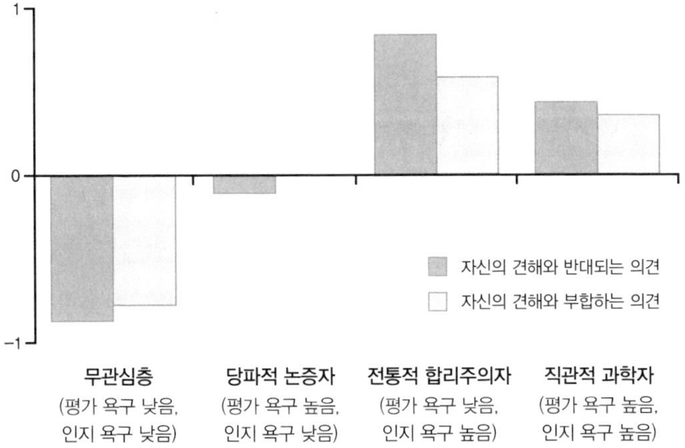

제시한 이유의 개수(표준화된 수치)

의 입장과 반대 입장 모두에 대해 찾아낸 지지 근거의 개수가 가장 많았다. 흥미로운 것은 '직관적 과학자' 유형의 사람들인데, 이 사람들은 '전통적 합리주의자'보다는 더 적지만, '당파적 논증자'보다는 더 많은 근거를 찾아냈다. 이는 설령 특정 입장에 동의하는 태도를 처음에 갖고 있었더라도, 의식적 노력을 통해 관련 근거들을 더 많이 검토할 수 있음을 의미한다.

자료는 스스로 말하지 않는다

지금까지의 논의를 살펴보면, 특정 사안에 대해 이미 입장을 정한 사람들은 어떤 자료든 자신의 입맛대로 해석할 수 있는 것처럼 보인다. 그리고 중요한 것은, 그런 사람들은 스스로 그런 행동을 한다는 것을 거의 눈치채지 못한다는 것이다. 즉 머릿속에서 특정 사안과 관련된 어떤 기억을 인출할지부터 동기에 의해 큰 영향을 받는다는 것이다. 더욱이 이런 경향은 스스로 논리적이고 정합적인 입장을 취하려고 하는, 그 자체로 놓고 보면 지극히 순수하고 바람직한 목적에서 비롯된다는 것이다. 앞서도 말했지만, 참으로 아이러니한 결과다. 선의가 나쁜 결과로 이어지는 것이니 말이다.

선택적 기억 탐색이 자동적인 인지과정이기 때문에 의식적으로 중단시킬 수 없다면, 아마도 우리가 할 수 있는 것은 사후적으로라도 이를 보상하는 것일 테다. 눈앞에 있는 것들에 대한 해석이 언제나 자신의 입장에 의해 윤색되고 선택된 결과임을 이해한다면, 그 반대의 입장에 서서 반대 논리를 구성해보려는 노력도 기울이는 것이 동기화된 논증의 효과를 최소화하는 길일 것이다. 물론 이것은 매우 어려운 일이며, 정서적 불편감을 유발할 것이다. 인지 부조화가 찾아오는 것이다. 그러나 보다 합리적 의사결정자가 되고, 자신의 극화를 막기 위해서는, 이런 과정을 거쳐봄 직하다. 물론 이런 과정을 거치고 나서도 자신의 의견을 유지할 가능성이 클 것이다. 그러나 그 정도가 약해지고, 상대의 입장을 더 잘 이해하게 될 것이다.

미국의 유명 통계분석가 네이트 실버Nate Silver는 《신호와 소음The Signal and The Noise》에서 "숫자는 스스로를 대변할 수 없다. 우리가 숫자를 대변한다. 숫자에 의미를 부여하는 것은 우리다."라고 말했다. 그리고 이 언급은 영국의 통계학 대가 데이비드 슈피겔홀터David Spiegelhalter가 최근에 펴낸 책 《통계의 기술: 자료로부터 배우기The Art of Statistics: Learning from Data》의 서문 첫머리에 인용[5]했다. 그만큼 의미심장하게 봤다는 의미일 것이다. 그러나 비단 숫자뿐 아니라, 우리가 보는 모든 현상은 사실 현상 그대로 존재할 뿐, 거기에 의미를 부여하는 것은 우리 자신일 것이다. 모든 현상의 해석에는 어떤 틀이 필요하고, 여기서 그 틀은 우리 자신의 마음이다. 그리고 마음은 우리가 모르는 사이 순간적이고 자동적으로 작동하며, 우리는 그 사실조차 모르고 살아간다. 이것을 바로 보는 것이 진영논리와 가짜뉴스로부터 우리를 보호하는 첫걸음일 것이다.

4.

거짓 진실 효과, 자주 보면 믿는다

결론을 바꾸는 프레임의 위력

예전에는 비주류였지만 지금은 주류가 된 한 언론인이 사회적 이슈가 터질 때마다 늘 강조하던 한 가지가 있다. 그것은 어떤 '프레임'으로 사안을 바라보느냐에 따라 그것을 어떻게 해석하고, 어떤 결론에 도달하는지가 결정된다는 것이다. 발화의 의도에 상관없이, 이 말 자체는 참이다. 같은 사안이라도 그것을 어떤 '틀'을 통해 제시하느냐에 따라 수용자들의 태도는 백팔십도 달라질 수 있다. 그리고 이는 실험으로도 입증된 바 있다. 지금은 심리학 교과서마다 빠지지 않고 실릴 정도로 유명해진 한 인지심리학 실험[1]에서는, 어떤 신약이 600명의 사람 가운데 '200명을 살릴 수 있다', 또는 '400명이 죽는다'라고 참가자들에게 제시하고, 이를 도입할 것인지 말 것인지 선택하게 했다. 실험 결과, '살릴 수 있다', 즉 긍정적 프레임으로 제시되었을 때 이 약을 채택하겠다고 답한 비율은 70퍼센트를 넘었지만, '죽는다'와 같이 부정적 프레임으로 제시되었을 때는 선택 비율이 22퍼센트로 뚝 떨어지는 것으로 나타났다. 논리적으로는 같은 현상의 다른 측면을 강조한, 사실은 동일한 문장임에도 사람들의 선택이 이렇게 차이가 난 것이다. 프레임의 위력을 새삼 실감할 수 있다.

이와 관련하여 프레임 효과의 작동을 부추기는 심적 기제들이 있다. '수면자 효과sleeper effect'와 '거짓 진실 효과illusory truth effect'라고 불리는 이 현상들은 특정 프레임의 수용을 촉진하는 역할을 한다. 프레임 효과와 비슷하게, 이들의 존재는 내용의 진실 여부와 상관없이, 수용자들이 어떤 주장을 참으로 받아들이는 데 영향을 끼치는 외적 요인들이 있다는 것을 알려준다. 지금부터 이것들에 관한 이야기를 해보려고 한다.

'자고 나면' 잊어버린다, 수면자 효과

누구나 일상에서 이런 경험을 흔히 해봤을 것이다. 누가 예전에 뭐라 말한 것 같고, 그 내용은 분명히 기억나는데, 그 '누가' 누구였는지 기억이 잘 나지 않는 것이다. 그래서 기분은 좀 찜찜하지만 그냥 그런가 보다 하고 넘어갔던 기억이 있을 것이다. 이런 경험이 있다면 그건 여러분이 특별하거나 머리가 나빠서 그런 것이 아니라, 사람이라면 누구나 겪는 현상이다. 심리학에서는 이를 '수면자 효과'라고 부른다.

수면자 효과는 20세기 중반 예일대학교의 심리학자 칼 호블랜드Carl Hovland와 동료들이 수행한 실험[2]에서 발견되었다. 이 실험의 참가자들은 당대의 저명한 물리학자였던 로버트 오펜하이머Robert Oppenheimer와 구소련의 선전 매체인 《프라브다Pravda》 기자가 쓴, 머지않아 핵잠수함이 개발될 것이라는 두 가지 버전의 '기사'를 읽었다. 그러나 당시까지만 해도 핵잠수함은 존재하지 않았고, 기사들은 연구자들에 의해 거짓으로 창조된 것이었다. 어렵지 않게 예상할 수 있다시피, 사람들은 선전 매체 기자가 쓴 것보다 오펜하이머가 쓴 '기사'를 처음에는 더 믿었다.

문제는 그 이후에 벌어진 일이었다. 4주 후 실험 참가자들을 다시 만났을 때, 선전 매체 기자가 쓴 기사를 읽은 사람들은 그 매체가 전혀 믿을 만하지 않다는 것을 알았음에도 불구하고, 핵잠수함이 가까운 장래에 개발될 것이라고 믿는 정도가 처음과 비교하여 더 강해졌다. 이는 일단 사람들의 머릿속에 어떤 말을 집어넣는 데 성공하기만 하면, 시간이 지남에 따라 사람들이 그것을 믿는 쪽으로 서서히 움직이게 만들 수 있다는 것을 의미해서 충격을 주었다. 후속 연구들은 수면자 효과가 왜 발생하는지 그 기전을 밝혀냈는데, 미국 캘리포니아대학교의 앤서니 프랫카니스Anthony Pratkanis와 동료들이 20세기 말에 수행한 연구[3]에 따르면, 사람들은 시간이 지남에 따라 발화자와 메시지를 점점 분리하게 되고, 결국 그 메시지가 누구에게서 왔는지 잊어버리기 때문에 그것을 불신해야 한다는 것을 잊게 된다는 것이다.

수면자 효과는 사람들이 잘못된 주장을 믿는 데 기여할 수 있다. 그리고 이것이 무서운 이유는 설령 사람들이 발화자가 썩 믿을 만한 사람이 아니라는 것을 알지라도, 장기적 관점에서 태도 변화를 이끌어낼 수 있기 때문이다. 영리한 선동가라면 이런 사실을 잘 활용하여, 거짓 정보를 일단 퍼뜨리는 방식으로 사람들에게 잘못된 인식을 심어줄 수 있다. 그리고 애초에 발화자의 정체를 확인하기 곤란한, 즉 발화자의 신뢰성을 검증하기 힘든 온라인 환경과 결합되면, 수면자 효과의 힘은 더 강력해질 것이다.

단순 반복 노출의 힘

심리학의 하위 분야 중 학생들이 가장 흥미 있어 하는 분야를 꼽으라고 하면, 필자는 단연 사회심리학social psychology 분야를 고를 것이다. 학부 시절 이 과목을 강의하던 교수님의 개인적 인기도 큰 역할을 했지만, 그것만으로는 설명할 수 없는 인기가 있다. 사회심리학만큼 창의적이고 반직관적이며 흥미로운 실험을 하는 심리학 세부 분야는 없다고 해도 과언이 아니다. 대중에게 잘 알려진 '스탠퍼드 감옥 실험', '밀그램의 복종 실험' 등이 다 사회심리학 분야에서 나온 연구들이다. 필자가 전공한 인지심리학은 그에 비하면 상당히 딱딱하고 재미없는 분야다. 뒤집어 말하면 그만큼 '덕후'가 생기기에 좋은 분야라는 뜻도 되지만 말이다.

사회심리학에서 강조하는, 인간 행동의 핵심적 원리 중 하나는 상황이 인간 행동에 큰 영향을 끼친다는 것이다. 이것은 상황과 무관한, 인간이 고유하게 지닌 내적 속성인 성격 personality이 행동에 큰 영향을 끼친다는 관점을 지닌 '성격심리학personality psychology'이라는 분야와 사뭇 다른 관점이다. 물론 인간 행동은 성격이나 상황, 그리고 그 밖의 다양한 요인이 모두 작용한 결과 발생하는 것으로, 그중 하나가 결정하는 것은 물론 아니다. 하지만 상황이 큰 영향을 끼친다는 것을 부인할 수는 없다.

그리고 그 상황은 인위적으로 만들 수 있다. '스탠퍼드 감옥 실험'으로 알려진 유명한 사회심리학 실험이 그 극단적인 예라고 할 수 있다. 요약하면, 이 실험에서는 재소자와 간수로 각각 다른 역할이 부여된 사람들이 시간이 지남에 따라 역할에 심취하여, 간수 역할을 맡은 사람들이 재소자 역할을 맡은 사람들을 학대하는 등 극한 상황에 다다라, 결국 실험이 중단되기에 이르렀다. 단지 꼬리표에 불과했던, 진짜는 아닌 '간수'와 '재소자'의 구분이 극단적 결과로 이어진 것이다. 그리고 이는 참가자들의 성격이 원래 그래서 일어난 일이 아니라, 전적으로 역할극이라는 상황에 의해 일어난 결과였기에 더 충격적이었다.

하지만 그 정도로 극단적인 경우가 아니어도 간단한 조작을 통해 사람들이 특정 행동을 하거나 태도를 취하게 할 수 있다는 것은 놀라운 일이 아니다. 한 가지 간단한 조작은 사람들을 특정 상황이나 대상에 반복적으로 노출시키는 것이다. 놀랍게도 이것만으로도 사람들의 대상에 대한 태도를 바꿀 수 있다.

심리학 연구들은 무언가를 별다른 이유 없이 반복적으로 보기만 해도, 그것을 점점 좋아하게 된다는 것을 보여준다. 1968년 사회심리학자 로버트 자욘스Robert Zajonc가 한 실험[4]에서는, 서구권 참가자들에게 그들이 전혀 이해할 수 없는 한자漢字를 횟수를 달리하여 보여주면서, 그들에게 글자의 의미가 무엇일 것 같냐고 물었다. 그 결과 글자를 많이 본 사람일수록 긍정적인 의미일 것이라고 추측했다. 즉 많이 본 글자라는 이유만으로, 의미를 모르면서도 더 좋아했다는 것이다. 사회심리학에는 이런 현상을 일컫는 용어가 아예 따로 존재한다. 바로 '단순 노출 효과mere exposure effect'라는 것이다. 농담 좀 보태서 이야기하자면, 우리는 사실 이 원칙을 이미 일상에 응용하고 있다. 좋아하는 사람이 생기면 그 사람이 자주 지나다니는 곳에 괜히 출몰하여 눈에 띄는 것이다. 이때 눈에 띄는 돌출 행동을 너무 섣부르게 하면 안 된다. 단지 자주, 우연을 빙

자하여 마주치는 것이 중요하다. 그러면 단순 노출 효과에 의해 그 사람은 내게 조금씩 호감을 느끼게 된다. 그러다가 한 번, 나타나지 않는 것이다. 그러면 그 사람은 오늘은 이 사람이 왜 안 나타나는 것인지 궁금해할 것이다. 그러다 다시 나타나기를 반복하면, 어쩌면 언젠가는 관계를 발전시킬 기회가 있을지도 모른다. 아니면 말고.

그런데 어떤 심적 효과가 있으면 그것이 좋은 방향으로만 작용하라는 법은 물론 없다. 거짓에 자주 노출되어 그것을 좋아하게 되는 것도, 우리는 쉽게 상상할 수 있다. 즉 단순 노출 효과가 거짓에 적용된 것을, 우리는 '거짓 진실 효과illusory truth effect'라고 부른다. 이는 1977년 미국 템플대학교에서 이루어진 한 실험[5]에서 처음 발견되었다. 연구자들은 참가자들에게 60개의 토막상식 리스트를 세 번에 걸쳐 보여주었는데, 그중 20개는 세 번 모두 등장했으며 나머지 40개는 회차마다 달랐다. 주제는 대체로 참가자들이 알지 못할 만한 것이었고, 개중에는 진짜와 가짜가 섞여 있었다. 그리고 참가자들에게 이것들이 얼마나 참일 것 같냐고 물었다. 그 결과, 참가자들이 오래 본 항목들은 참/거짓 여부에 상관없이 참일 것 같다고 대답하는 정도가 세 번에 걸쳐 계속 상승했다. 이는 참/거짓 여부에 의해 설명될 수 없는, 단순 노출의 정도만으로 설명되는 것이었다. 이 결과는 후속 연구들에 의해서도 반복 검증되었다고 한다. 사실 이 결과는 쉽게 인출되는 기억이 더 그럴듯하다고 생각하는 인지적 경향, 즉 '가용성 휴리스틱availability heuristic'과도 일맥상통하는 바가 있다.

소셜미디어 시대의 거짓 진실 효과

소셜미디어의 보급과 더불어, 이들의 효과는 가짜뉴스의 전파에 기여하는 것으로 알려져 있다. 실제로 연구가 이루어진 적도 있다. 2018년 심리학 분야 최고 권위를 자랑하는《실험심리학지: 일반Journal of Experimental Psychology: General》에 실린, 고든 페니쿡Gordon Pennycook과 동료들이 수행한 연구[6]에서는 참가자들에게 가짜뉴스를 보여주고, 얼마나 그럴듯하게 생각하는지 물어보았다. 여기서 독립변수는 가짜뉴스를 반복해서 봤는지, 아니면 한 번만 봤는지의 여부였다. 가짜뉴스가 너무 말이 안 되는 경우(예를 들어 지구는 정사각형 모양이라든지)에는 본 횟수와 믿는 정도 사이에 상관이 없었다. 즉 두 집단 사이에는 믿는 정도에 대한 유의한 차이가 없었다. 하지만 그 정도로 말이 안 되지는 않는 가짜뉴스의 경우, 단 한 번 더 보여주는 것만으로도, 사람들이 그것을 믿는 정도를 통계적으로 유의한 정도로 끌어올릴 수 있었다. 여전히 진짜뉴스와 비교해서는 덜 믿었지만 말이다. 재미있는 것은 이런 차이가 '팩트체크 결과 사실이 아닌 것으로 드러났다'라는 경고 문구가 붙어 있는 경우에도 관찰되었다는 것이다. 그리고 반복 노출의 효과는 심지어 최초 노출 후 일주일이 지난 뒤에도 이어졌다. 즉 시간의 흐름에 대해서도 효과가 안정적이었다. 연구자들은 이를 단순 노출 및 거짓 진실 효과가 실제로 작동한 것으로 해석했다.

자신과 정치적 성향을 함께하면서, 가짜뉴스 공유 빈도가 높은 집단에 들어가면 가짜뉴스에 대한 노출 빈도가 상승하는 것을 막을 방법이 없다. 또 그런 집단에서는 자신의 정치적 또는 기타 성향에 맞는 뉴스들이 주로 공유되기 때문에, 앞서 언급한 동기화된 논증이 작용될 가능성도 크다. 하지만 수면자 효과 및 거짓 진실 효과는 중립적인 입장을 가진 사람에 대해서도 작용할 수 있다. 앞서 우리는 미국인 실험 참가자들이 구소련 선전 매체 기자의 주장에도 영향을 받을 수 있다는 것을 보았다. 최근 성향을 달리하는 집단끼리는 서로 교류하지 않는 경향이 심화되기는 했지만, 뚜렷한 성향을 갖고 있지 않은 중립적인 사람들의 경우, 특별히 필터버블filter bubble 안에 들어가 있지 않더라도 거짓 정보에 대한 지속적 노출로 인해 자신도 모르게 가짜뉴스를 믿게 되는 결과가 발생할 수 있다. 정보 생산자의 신뢰 가능성 및 정치적 동기를 확인하기 곤란한 소셜미디어상의 정보라면 더욱 그럴 것이다.

가짜뉴스를 피하는 정보 수용 전략

이제는 많은 사람들이 경험을 통해 알고 있다시피, 수면자 효과 및 거짓 진실 효과는 가짜뉴스를 퍼뜨리는 측에서 흔히 노리는 전략적 이점이다. 수용자가 반기건 말건, 소셜미디어와 메신저에서는 가짜뉴스를 홍수처럼 쏟아낸다. 그리고 그들이 그런 전략을 사용하지 못하게 막는 방법은 사실상 존재하지 않는다. 규제를 통해 근본적으로 해결될 성격의 문제도 아니다. 따라서 정보 수용자가 현명한 정보 수용 전략을 채택하는 것이 최선의 방어 대책일 것이다.

가장 좋은 것은 애초에 거짓 정보를 접하지 않는 것이다. 이를 위해서는 거짓 정보가 주로 유통되는 매체를 처음부터 멀리하는 것이 가장 좋다. 특정 정치적 정파, 또는 사회적 이익집단을 열성적으로 지지하는 집단일수록 그런 정보가 유통되고 있을 가능성이 클 것이다. 그리고 외부와 단절된 공간, 이를테면 인터넷 카페나 그룹 및 단체 채팅방 등에서 이런 정보가 돌아다니고 있을 가능성이 매우 크다. 따라서 이런 정보원에게서 애초에 거리를 어느 정도 두는 것이 거짓 정보로부터 자기 자신을 보호하는 데 도움이 된다. 단순 노출 효과와 거짓 진실 효과는 단순히 접하는 것으로부터 발생한다는 것을 잊지 말자. 그리고 그 효과는 단 한 번의 노출로도 일어날 수 있다. 비유하자면, 앞의 사례에서 내 마음에 썩 들지 않는 사람이 내가 다니는 길에 자꾸 출몰하는데, 내가 그 사람에게 호감을 느끼고 싶지 않다면 그냥 다른 길로 돌아서 다니는 것이다. 몇 번 반복하면 그 사람도 웬만한 끈기 없이는 계속 나타나지 않을 것이다.

이미 정보를 접했다면, 쉽지 않겠지만 한 가지 대책은 사실 여부를 믿을 만한 정보원을 통해 확인하는 것이다. 앞의 실험에서 너무 말도 안 되는 주장은 단순 노출 효과를 통해 신빙성이 상승하지 않았다는 것을 기억하자. 이미 접한 거짓 정보도 그런 식으로 확인하는 과정을 통해 그 단순 노출 효과를 상쇄할 수 있을 것이다. 물론 이것은 쉬운 일이 절대 아니다. 애초에 이런 작업이 필요하다는 것을 인지하는 것 자체가 쉽지 않고, 팩트체크를 위해서는 인지적 '비용'이 많이 든다. 그래서 애초에 거짓 정보를 접하지 않는 것에 비해, 그런 정보를 '취소'하는 데 많은 노력이 필요하다. 예전에 인기를 얻었던 한 교양서의 제목은 '코끼리는 생각하지 마'였다. 어떤 대상에 관한 생각을 억누르려는 시도 자체가 역설적으로 그것이 더 생각나게 만든다는 것이다. 가짜뉴스를 검증하려는 시도도 자칫 비슷한 효과를 불러올 수 있으므로 애초에 접하지 않는 것이 가장 좋지만, 접했다면 믿을 만한 소스를 통해 검증된 결과를 찾아보는 노력을 기울여야 할 것이다.

무의식의 영향에서 벗어나기

마지막으로 직접 관련된 주제는 아니지만, 무의식이라는 말에 대해 한마디 하고 이 장을 마치려 한다. 심리학, 특히 현대 주류 심리학에서 '무의식'이라는 말은 사실 금기시되다시피 하는 말이다. 정신분석학적인 냄새가 아주 강하게 나기 때문이다. 잘 모르는 독자들을 위해 설명하자면, 프로이트와 융

등을 필두로 하는 정신분석학적 전통은 현대 심리학의 주류도 아니고 그것을 대표하는 흐름도 아니다. 굳이 분류하자면 지엽적인 흐름이다. 상담심리학 등 분야를 제외하면 진지하게 정신분석학을 대하는 심리학자는 없다고 봐도 무방하다. 상황이 이러하니, 그 연원이 정신분석학에 있는 '무의식'이라는 말이 현대 심리학에서 흔히 등장하지 않는 것은 당연하다.

그러나 '무의식'이라는 말 대신, 자신도 모르는 사이에 어떤 태도를 취하게 되거나 행동을 하는 것에 관해서라면, 이미 많은 행동적·실험적 증거가 보고된 것은 사실이다. 그리고 그들 중 상당수는 상황의 영향을 크게 받는다. 그런 상황에 한번 노출되면 그것을 거스르는 것은 상당히 어렵다. 그런데 흔히 사람들은 상황의 힘을 과소평가하고, 의지의 힘이나 내적 동기의 힘을 과대평가한다. 이것은 사실이 아니며, 살다 보면 상황의 불가항력의 힘이 작용할 때가 생각보다 많다. 그래서 어떤 상황에 자기 자신을 노출시킬 것인지를 현명하게 선택하는 것이 중요하다. 물론 이것은 노력이 필요한 작업이며, 편한 것이 아니다. 그러나 이런 노력 없이는 스스로가 원치 않는 상황으로 빨려 들어가는 것을 막을 수 없다는 점을 명심해야 한다. 그것이 현대 심리학이 우리에게 알려주는 바다.

5.

생태적 합리성, 통밥이 생각보다 잘 맞는다

인간은 비합리적이기만 한가

지금까지 이야기했던 관점과는 사뭇 다른 관점을 하나 소개하려고 한다. 지금부터 할 이야기를 들어보면 앞에서 했던 이야기가 좀 지나쳤거나 옳지 않은 것처럼 느껴질 수도 있다. 그러나 필자의 관점에서는 사실 둘은 상충하는 관계가 아니라 같은 현상의 다른 면을 보는 것이다. 이 꼭지의 마지막 부분까지 읽으면 독자에게도 그 이유가 보이리라 믿는다.

지금까지 소개한 인지적 편향들을 돌이켜보면, 사람들은

수학적·통계적·논리적 사고로부터 거리가 먼 존재처럼 느껴진다. 한마디로, 인간은 비합리적이다. 실제로 앞서 소개한 연구들을 이렇게 받아들이는 관점이 그동안 우세했던 것이 사실이다. 사람들은 확률 계산에 매우 취약하고, 논리적으로는 동등한 것을 프레임만 달리 제시하면 서로 다른 것으로 보며, 감정과 정서에 매우 쉽게 휘둘린다. 결국 인간의 판단과 의사결정 과정은 별로 믿을 게 못 되는 것 같다. 사실 인간의 인지적 편향들에 대한 강조가 경제학에서 이야기했던 '호모에코노미쿠스homo economicus', 즉 합리적 경제인이라는 가정에 대한 반발의 성격을 갖고 있었음을 상기하면, 이는 그리 놀라운 결론이 아니다.

그런데 좀 다른 각도에서 질문을 던져보자. 인류가 비합리적이기만 했다면 어떻게 그렇게 성공적으로 진화하여 지구를 지배하기에 이르렀겠는가? 인간을 비합리적으로만 보는 관점은 이 질문에 대해 제대로 답하기 힘들다. 그 엄청난 성공 뒤에는 뭔가 비결이 있었을 것이다. 물론 이 질문에 대해, 인간이 비합리적이기는 하지만 그래도 다른 종species들보다는 덜 비합리적이기 때문에 성공하지 않았겠느냐고 답할 수도 있다. 그러나 이것만 가지고는 충분하다고 느껴지지 않는다.

사실 인류는 어떤 분야에서는 놀라울 만큼 합리적이다. 특히 자신의 이해가 걸렸을 때 사람들은 놀라울 만큼 합리적인 사고를 한다. 살아가면서 어떤 시스템에 허점이 보이면 그것을 노리고 득달같이 달려들어 이득을 취하는 사람들이 있다는 것을, 우리는 경험으로 이미 알고 있다. 그리고 이것은 보통 '머리', 즉 합리성으로 되는 일이 아니다.

실제로 앞서 소개한 연구들과는 결을 달리하여, 인간 인지의 합리성을 강조한 학파가 있었다. 이들은 '생태적 합리성ecological rationality'이라는 개념을 강조한다. 이들에 따르면, 생명체와 인간이 살아가면서 필요로 하는 종류의 합리성은 좀 특별한 종류의 것이다. 수학, 확률, 형식논리가 다가 아니라는 것이다. 오히려 그 반대에 가깝다. 이런 것들은 인간의 진화사에서 매우 늦게 등장한 개념들이며, 사실 살아가는 데 아주 중요하지는 않을 수도 있다. 실제로 현실 세계에서 성공한 사람 중에서 이런 것들을 아주 잘하는 사람들이 얼마나 되는가? 별로 없을 것이다. 그러면 그 새로운 종류의 합리성은 과연 어떤 것일까? 지금부터 그 이야기를 해보자.

휴리스틱의 '저렴한' 장점

한국어로는 흔히 '발견법'이라고 옮기는 '휴리스틱'은 사실 인지심리학에서는 학술용어로 자리 잡은 지 꽤 되었다. 여기서 잠깐 딴 길로 새자면, 필자는 발견법이라는 번역어를 그렇게 좋아하지는 않는다. 휴리스틱이라는 단어의 느낌을 잘 살리지 못한다고 생각하기 때문이다. 휴리스틱이라는 단어는 자체로서 문제에 대한 완벽한 해법이 아닌, 대충 잘 작동하는 해법이라는 의미를 품고 있다. 그래서 아마 정식 학술용어로 채택되지는 않겠지만, 사실 더 가깝다고 생각하는 한국어 단어는 '통밥'이다. 검색엔진 국어사전에서는 이 단어의 의미를 "문제를 해결하는 데에 있어서 정해진 정식 과정이나 방법을 거치지 않고 임의대로 짜맞춤"이라고 설명하고 있다. 그리고 예문으로 "병수는 통밥으로만 맞춘 시험 문제가 네 개나 된다."가 제시되어 있다. 적어도 '발견법'이라는 번역어보다는 '휴리스틱'이라는 말의 의미에 더 잘 들어맞는 것 같지 않은가?

본 이야기로 돌아와서, 인류의 진화 과정에서 휴리스틱이라는 게 생겨났다면, 그것에는 어느 정도 이유가 있지 않을까 생각해볼 수도 있다(여기서 하나 노파심에 짚고 넘어가자면, 진화된 모든 것에 이유가 있는 것은 아니고, 때로 위험한 생각일 수 있다. 현대 진화생물학은 모든 것이 적응의 결과라는 생각을 매우 경계한다). 휴리스틱은 완벽한, 또는 최선의 해법에 비해 아주 중요한 장점이 있다. 바로 '저렴하다'라는 것이다. 앞에서 인지적 구두쇠 현상 이야기를 할 때, 생각은 매우 비싼 자원임을 강조했던 것을 기억하자.

사실 어떤 문제에 대해 최선의 해법을 찾는 것은 매우 많은 인지적 자원과 노력이 필요한 일이다. 이를테면 결혼 상대를 고를 때, 잠재적 상대에 대해 배우자로서의 모든 측면을 고려하고, 관련 통계를 모두 수집해서 고르는 것은 현실적으로 불가능할 것이다. 그리고 그것이 사실 최선의 결과를 가져다준다는 보장도 없다. 그보다는 간단하고 중요한 측면 몇 가지에 집중하는 것이 현실적인 해법일 수 있다. 놀랍게도, 어떤 사람들은 배우자를 별다른 숙고 없이 고르기도 한다. 만난 지 몇 달 되지도 않았는데 결혼에 골인한 커플을, 우리는 간혹 보곤 한다. 그러나 더 놀랍게도, 그들 중 상당수가 꽤 잘 산다.

다른 예시는 기업이 직원을 채용할 때 대학 '간판'을 보는 것이다. 간판은 절대 지원자의 모든 잠재력을 반영해줄 수 없고, 그것 때문에 능력이 있지만 떨어지는 지원자가 분명히 존재한다. 그래서 일부 기업들은 블라인드 채용 절차를 도입했다. 그러나 아직 수많은 기업은 채용 과정에서 학력을 본다. 왜 그럴까? 기업의 입장에서는 지원자의 모든 측면을 객관적으로 평가하는 것은 비용이 너무 많이 들고 현실적으로 불가능하기에, 그것을 간접적으로 어느 정도 반영한다고 기대하는 것을 보는 것이다. 물론 이것은 잘못된 채용 결정으로 이어질 가능성이 꽤 있지만, 지금까지 경험에 비추어봤을 때 가치가 전혀 없다고 생각하지는 않는 것이다(물론 이것이 '간판'을 보는 것이 전적으로 타당하다는 말은 절대 아니다). 이런 것들을 일종의 휴리스틱으로 볼 수 있다.

틀릴 수 있는 추론법의 합리성

독일의 심리학자 게르트 기거렌처는 앞서 소개한 대니얼 카너먼이나 에이모스 트버스키Amos Tversky에 비해서는 국내에 덜 알려진 심리학자다. 그러나 인지심리학을 전공한 사람들에게는 꽤 잘 알려진 사람이다. 기거렌처와 그의 동료들은 카너먼, 트버스키가 진행한 연구들, 특히 인간의 인지적 편향과 비합리성을 보여주는 연구들을 맹렬히 비판한 것으로 유명하다. 그들의 주장에 따르면, 휴리스틱을 이야기할 때 형식논리적 측면으로부터 출발하는 대신, 그것이 인간이 살아온, 그리고 사는 환경의 어떤 측면을 활용하여 합리적 판단에 이르게 하는지 살펴야 한다. 그리고 이것은 수학적으로 꼭 참이 아니더라도 상관없다. 다시 말해 너무 간단해 보이는 의사결정 규칙이라도, 환경의 특성을 잘 반영한 것이라면 충분히 합리적일 수 있다는 것이다. 여기서 의사결정자가 환경의 특성을 '어떻게' 아는지는 중요하지 않다. 이는 선천적인 것, 즉 '적응적 도구상자'일 수도, 후천적일 수도 있다. 여기서 이제는 국내에서도 널리 알려진 진화심리학과의 접점이 보이는 듯하지만, 기거렌처 등은 진화심리학과 자신들의 접근 사이에 확실한 연결 고리를 만들어두지는 않았다는 점을 짚고 넘어가자. 진화심리학에 대한 자세한 이야기는 이 책의 목적이 아니므로 생략하려고 한다.

기거렌처가 합리적 휴리스틱의 대표적 예로 든 것은 '재인 휴리스틱recognition heuristic'[1]이다. 여기서 재인이라는 것은 '이미 알고 있던 것을 다시 봤을 때 알아봄' 정도의 의미다. 원리는 간단하다. 예를 들어 어떤 두 도시의 이름을 주고, 둘 중 어느 쪽이 더 큰 도시겠냐고 물어본다. 이를테면 서울이 크겠느냐, 창녕이 크겠느냐고 물어본다. 한국인들은 볼 것도 없이 서울이라고 답할 것이다. 서울이 한국 최대의 도시인 것을 이미 알고 있기 때문이다. 하지만 질문 대상이 미국인이라면 어떨까? 미국인들은 자국 외의 나라들에 무관심한 것으로 유명하다. 심지어 중국이나 유럽이 어디 있는지, 세계지도를 줘도 모르는 경우가 허다하다. 이 사람들은 어느 도시가 큰지에 대한 정확한 정보가 없다. 하지만 이들도 의사결정을 내리는 방법이 있다. 어떻게 하면 될까? 만약 서울이라는 이름을 한 번도 들어보지 않은 사람이라면 할 수 없이 '찍어야' 할 것이다. 그러나 요즘은 한류, K-POP, 전자제품 등으로 인해 한국에 대해 들어본 사람이 많이 생겼다. 그래서 서울이라는 이름 정도는 아는 사람이 미국에도 꽤 늘었다. 만약 서울이라는 이름을 들어본 사람이라면, 어느 도시가 더 큰지 물어봤을 때 일단 들어본 도시, 즉 '재인'되는 도시가 더 클 것이라고 여길 것이다. 이것이 재인 휴리스틱이다. 실제로 기거렌처 등이 수행한 실험들에 의하면, 사람들은 대부분 친숙하지 않은 도시의 규모를 비교하는 문제에서 재인 휴리스틱을 사용한다고 한다.

당연히 재인 휴리스틱은 틀릴 수 있고, 논리적으로는 참이 아닌 추론법이다. 여기서 중요한 것은 '들어본 적이 있음'이라는, 예/아니오로 표현되는 변수와 실제 도시 규모 사이에 상관이 존재한다는 것이다. 즉 재인 휴리스틱의 사용을 합리적으로 만들어주는 것은 그 추론 규칙 자체가 아니라 그것이 행해지는 '환경'이다. 큰 도시일수록 사람들이 들어보았을 확률이 높은 환경에서, '들어보았음'이라는 기준을 적극적으로 활용하는 재인 휴리스틱은 사실 꽤 합리적일 수 있다. 이런 점에서 기거렌처는 휴리스틱의 합리성은 환경과 떼놓을 수 없는 것이라고 주장하면서, 기존에 인간의 불합리성을 지적한 연구들은 이 점을 무시한다고 비판했다. 어떤가, 그럴듯하게 들리지 않는가?

기거렌처 등은 여기에 그치지 않고 '적은 게 더 많은 less-is-more' 효과[2]의 존재를 제안했다. 때로는 오히려 적게 아는 게 많이 아는 것보다 더 합리적인 의사결정으로 이어질 수 있다는 것이다. 이를 이해하기 위해 다음과 같은 경우를 생각해보자. 여전히 도시 크기 비교를 하는데, 만약 두 도시를 다 들어본 적이 없으면 그냥 둘 중 하나를 찍고, 하나만 들어봤으면 그 도시를 고르고, 둘 다 들어봤으면 자신이 지닌 정보를 활용하여 최선의 선택을 하는 의사결정 규칙이 있다고 가정하자. 그런데 사실 정보라는 게 언제나 불완전하고 불확실하기에, 두 도시를 다 아는 경우 정답률이 70퍼센트라고 가정하자. 그런데 앞서 말한 규칙에 따라 '찍는' 경우에는 정답률이 80퍼센트라고 해보자. 물론 이것이 성립하려면, 환경의 속성에 대한 특수한 가정이 성립해야 한다. 다시 말해 사람들이 '들어본 도시'가 '들어보지 않은 도시'에 비해 80퍼센트의 확률로 더 크다는 가정을 해야 한다. 그러나 그렇게 틀린 가정은 아닐지도 모른다. 아무튼 이런 상황에서는 도시들에 대해 더 많이 들어본 사람이 그렇지 않은 사람에 비해 오히려 덜 합리적 선택을 할 것이다. '아는 게 병'이라는 말이 이런 상황에 적용될 수 있을 것이다.

기거렌처에 의하면 생태적 합리성은 이렇게 환경에 대한 정보를 활용하여 의사결정을 하는 능력을 의미하고, 그것의 습득은 선천적일 수도 후천적일 수도 있다. 그런데 여기서 환경에 대한 가정이 매우 중요한 역할을 한다는 것을 눈여겨보아야 한다. 이는 아주 중요한 통찰을 우리에게 제공해준다. 바로 휴리스틱이 언제 잘 작동하고, 언제 잘 작동하지 않는지에 대한 이야기다.

휴리스틱은 언제나 잘 작동하지는 않는다

생태적 합리성 논의에 의하면, 휴리스틱은 카너먼, 트버스키 등이 주장한 바와 같이 비합리적이고 나쁘기만 한 것이 아니다. 그것은 때로는 오히려 좋은 것이다. 그리고 좋은 이유는 우리가 선/후천적으로 습득한, 우리를 둘러싸고 있는 환경의 구조를 활용하기 때문이다. 실제로 기거렌처 등은 휴리스틱의 비합리성이 아닌 유용함에 대해 설파해왔고, 이는 연구자들 사이에서 상당한 설득력을 가졌다.

그런데 만약 휴리스틱이 잘 작동했던 환경이 갑자기 뒤바뀐다면 어떻게 될까? 예를 들어 도시 크기 비교의 경우를 다시 생각해보면, 최근 급격히 발달한 인터넷은 사람들로 하여금 예전에 비해 더 많은 도시 이름을 들어볼 기회를 제공했을 것이다. 이런 환경에서는 도시 이름을 '들어보았다'라는 것이 예전만큼 강력한 증거를 제공해주지 않을지도 모른다. 오히려 어떤 작은 도시가 사회적으로 매우 영향력이 큰 사건 때문에 유명해졌다면, 재인 휴리스틱은 오히려 거꾸로 작용하여 정답률을 낮추는 쪽으로 작동할 것이다. 이같이 휴리스틱, 특히 생태적 합리성 관점에서 말하는 휴리스틱의 합리성은 환경의 안정성에 크게 영향을 받는다.

이를 확장하면 이런 생각을 해볼 수 있다. 만약 후천적으로 학습된 것이 아니라 진화 과정에서 발달한 어떤 휴리스틱이 있고, 그것이 성립했던 과거 환경이 지금은 더는 사실이 아니라면, 그런 휴리스틱을 사용하는 것은 비합리적인 결과를 낳지 않을까? 아마 이것은 참일 것이다. 그런데 현대인들이 살아가는 환경은 실제로 과거 사람들이 살아왔던 환경과 매우 다르다. 과거와 비교하면 현대사회는 엄청난 양의 정보를 사람들에게 쏟아붓고 있고, 이런 경향은 특히 소셜미디어의 등장과 함께 더 심화되었다. 가까운 친지나 부족 사람들과 오손도손 모여 살던 과거와는 달리, 요즘은 소셜미디어를 통해 모르는 사람들과 소통하는 일이 부지기수로 늘어났다. 대형 유튜버들은 한 번도 본 적 없는 사람들에 의해 추앙받으며 큰 인기를 누리기도 한다. 한편 예전에는 접할 수 없었던, 고도의 합리적 의사결정을 요하는 상황도 늘어났다. 정교한 수학적 계산을 통해 각종 예금 또는 투자 상품을 비교하여 선택하지 않으면 큰 손해를 볼 수 있는 세상이 되었고, 심지어 곳곳에 내 돈을 노리는 사기꾼들, 보이스피싱 범죄자들이 난무하는 상황이다. 이런 상황에서 과거로부터 형성되어온, 나에게 선천적으로 주어진 휴리스틱을 그대로 사용하면 어떤 일이 벌어질까? 상당히 비합리적인 판단을 할 수도 있지 않을까?

다른 예를 하나 들어보자. 기거렌처 등이 제안한 또 다른 휴리스틱으로, 의역하자면 '최선의 기준 택하기take-the-best' 휴리스틱[3]이라는 게 있다. 이것에 의하면, 사람들은 서로 다른 대안 간에 의사결정을 할 때, 사용할 수 있는 기준 중 '가장 좋은' 기준 하나만을 가지고 선택하는 경향이 있다. 앞서 말한, 특히 과거에 '간판'만 보는 기업이 있었던 것이 이에 해당한다. 이 휴리스틱의 핵심은 사용할 수 있는 다른 모든 정보를 싹 다 무시하는 것이다. 재미있는 것은, 그렇게 해도 상당히 합리적 의사결정을 내릴 수 있(었)다는 것이다. 그런데 대상의 여러 측면을 골고루 다 고려해야 하는 의사결정 상황이 있다면, 이 휴리스틱을 사용했을 때 상당히 안 좋은 결과를 얻을 수도 있다. 배우자를 고르는 문제나 살 곳을 정하는 문제 등은 매우 다양한 측면을 가지고 있고, 때로는 '가장 중요한' 기준만을 사용하기 힘든 상황도 생긴다. 물론 이럴 때 여러 기준을 함께 사용하는 것은, 그런 전략이 충분히 정확하다는 가정을 깔고 있다. 이것이 참이고 의사결정자가 충분히 인지적 자원을 갖고 있다면, 여러 측면을 함께 고려하지 않을 이유는 별로 없다.

새로운 환경에 맞는 합리성은 무엇인가

과거 사회에서는 내 친지, 넓게는 내 '진영'을 먼저 고려하고 따르는 것이 합리적인 전략이었을 것이다. 나에게 특별히 직접적 도움도 안 되는데, 완전히 낯선 사람이 올바른 주장을 한다고 하여 나와 가까운 사람들을 버리면서까지 그 주장을 수용할 이유는 별로 없었을 것이다. 그러나 시대가 바뀌었다. 나와 직접적인 관련이 없는 사람의 주장이라도 논리적으로 면밀히 따지고 검토하여 올바른 선택을 내리는 것이 매우 중요한 '환경'이 되었다. 생태적 합리성의 전제가 영향을 받는 것이다. 그리고 여기서 그 새로운 환경이란 미디어의 유행과 거대 자본주의 사회, 대의민주주의 정치체제 등이다. 특히 대의민주주의하에서는 참정권을 지닌 개별 의사결정자들의 합리성이 매우 중요해진다. 이것이 흔들리면 중우정치로 가는 것은 시간문제다. 과거에는 개인에게 합리적이었던 '내 편 들기' 전략의 합리성은 이제 더는 보장받기 힘들다.

각종 인지적 편향은, 아직 확실하게 규명되지는 않았지만 상당 부분 과거 사회에서 잘 작동했기 때문에(적어도 치명적인 해는 가하지 않았기 때문에) 우리에게 전승되었을 것이다. 그러나 우리는 새로운 환경에 걸맞은 새로운 종류의 합리성을 지닐 것을 요구받고 있다. 그리고 그 새로운 합리성은 앞서 말했던 카너먼, 트버스키 등이 강조한 수학적·통계적·논리적 합리성과 점점 더 일치하는 방향으로 가고 있다는 게 필자의 관찰이다. 나중에 자세히 설명하겠지만, 예를 들어 백신 접종이 위험한지를 판단할 때 정확한 통계적 사고를 사용하지 않으면 매우 쉽게 음모론에 빠질 수 있다. 그리고 그 결과는 집단면역의 붕괴로 이어져, 매우 비합리적 결과를 낳게 된다.

모든 휴리스틱이 비합리적 결과를 낳는다는 것은 물론 아니다. 우리를 둘러싼 환경의 측면 중에는 과거로부터 많이 변한 것도 있고 그렇지 않은 것도 있을 것이다. 그리고 변하지 않은 측면에 최적화된 휴리스틱은 아직도 쓸 만할 것이다. 앞서 말한 도시 크기 비교 같은 것이 그렇다. 하지만 변한 환경에는 새로운 의사결정 규칙을 사용해야 하는 시대가 왔다. 정보가 홍수처럼 쏟아지는 현대사회의 새로운 환경에서는 더욱 그러하다. 그리고 그 새로운 의사결정 규칙을 습득하는 데는, 안타깝지만 의도적 노력을 기울여야 할 때가 많다. 이것은 분명 힘들고 고된 작업이다. 그러나 우리를 둘러싼 매우 중요한 문제들을 해결하기 위해서라도 이런 노력을 더는 피할 수 없는 시기가, 이미 우리 옆에 도래해 있다.

6.

과적합, 비현실적으로 복잡하게 설명한다

인간과 기계 사이, 그 미묘한 비유

지금까지의 이야기를 따라온 독자라면 눈치챘겠지만, 이 책에서는 인간의 마음을 기계에 비유하는 대목이 매우 자주 등장한다. 그리고 물론 이것은 우연이 아니다. 현대 심리학의 핵심이라고 해도 과언이 아닐 인지심리학이라는 분야는 애초부터 인간의 마음을 정보처리체계information-processing system로 보는 데서부터 출발했다. 더 쉽게 말하자면 마음을 컴퓨터에 비유했다는 것이다. 지금은 좀 더 다양한 접근법이 존재하지만,

지금도 정보처리적 접근은 강력한 접근법으로 남아 있다.

사실 인간에게 기계와 다른 어떤 본질적인 차이가 있다고 생각하는 것부터 잘못된 것인지도 모른다. 일부 생명과학자들은 인간을 '생존 기계'라고 실제로 말하기도 한다. 유전자가 후대에 자신을 전달하려고 잠시 쓰고 버리는 그런 존재 말이다. 이렇게 말하면 좀 슬프긴 하지만 일리가 없지는 않다. 어쨌든 인간의 몸도 물질로 구성되어 있고, 자연법칙에 따라 움직일 수밖에 없다. 사실 인간에게 애초에 자유의지라는 게 있는지도 철학적 논쟁거리다. 만약 자유의지가 허상이라면, 우리는 그냥 주어진 초기 조건들에 계속 반응할 뿐인 기계일 것이다. 자기 자신에게 자유의지와 선택의 권리가 있다고 믿는 기계들.

아무튼 자유의지가 있건 없건 간에, 인간의 몸이 어느 정도 기계로서의 속성을 지니고 있다는 것을 부인하기는 힘들다. 그리고 두뇌는 몸의 일부이며, 마음은 두뇌의 작용에 의해 작동한다. 이것은 무엇을 뜻하는가? 결국 마음도 일종의 기계라는 것이다. 그런데 그 기계가 해야 하는 일은 과연 무엇일까? 그것은 생존과 번식에 도움이 되는 방식으로 세상을 이해하고 해석하는 것이다. 그런데 그 과정에는 필연적으로 일종의 단순화가 개입할 수밖에 없다. 다시 말해 사람들은 세상을 세상 그 자체가 아닌, 일종의 (확률적) 모형으로 이해한다는 것이다. 예를 들어 '제비가 낮게 날면 비가 온다'라는 속담을 생각해보자. 사실 비가 오지 않더라도 제비가 낮게 나는 상황이 전혀 존재할 수 없는 것은 아니고, 우연히 맑은 날 제비가 낮게 날 수도 있는 것이다. 하지만 '대체로' 제비가 낮게 나는 것은 곧 비가 올 증거라고 사람들은 믿는다는 것이다. 물론 이 믿음은 아마 형식논리적으로는 틀린 믿음일 것이다. 반대되는 예가 지구상 어디엔가는 존재할 것이기 때문이다. 그럼에도 불구하고, 사람들은 왜 이런 모형을 마음속에 지니고 있는가? 그것은 그런 모형을 지니는 게 살아가는 데 유용하기 때문일 것이다. 즉 제비가 낮게 나는 것을 봄으로써 비가 오는 것을 높은 확률로 예측하고 그에 알맞게 대처할 수 있다면, 그렇지 못한 경우에 비해 큰 이득을 볼 수 있을 것이다. 물론 거꾸로 비가 온다고 예상했다가 그러지 않아서 틀리는 때도 있겠지만, 그런 경우 보는 손실은 비를 예상하고 대비하는 경우의 이득에 비해 무시할 만큼 작지 않을까?

정리하면, 인간의 마음이라는 '기계'가 해야 할 중요한 일 중 하나는, 세상에 대해 유용하면서도 단순화된 통계적 모형을 만드는 것이다. 물론 여기서 모형이 프라모델 같은 물리적으로 존재하는 것이 아니라, 세상을 개념적으로 단순화시킨 것이라는 것은 굳이 설명하지 않아도 될 것이다. 그런데 여기서 마음과 생각지도 않았던 연결 고리가 생기는 분야가 있다. 바로 요즘 핫한 통계학과 기계학습과 인공지능 등의 분야다. 인공지능이야 원래 사람의 마음을 본뜨려는 시도였으니 그렇다손 치더라도, 통계학이나 기계학습과 인간 심리가 무슨 상관일까? 그런데 이들 사이에는 아주 중요한 연결 고리가 있다. 그리고 그 연결 고리가 음모론이나 확증편향 등을 설명하는 데 생각지 못한 역할을 한다. 이것을 이해하는 첫걸음은 '과적합'이라는, 통계학 및 기계학습 분야에서 매우 핵심적인 개념을 이해하는 것이다.

과적합, 지나친 복잡함

필자는 데이터과학자다. 그리고 데이터과학을 제대로 이해하는 데 과적합이 얼마나 중요한 개념인지는 종사자들에게는 두말할 필요가 없을 정도로 자명하다. 과적합은 가수가 발성할 줄 아는 것, 화가가 스케치할 줄 아는 것에 비유할 정도로 데이터과학에서 근본적인 개념이다. 혹시 데이터분석가가 꿈인 독자가 있다면, 이 개념만큼은 똑바로 이해해야 한다는 것을 새겨두시라.

'과적합'은 다소 어려운 개념인데, 단순화해서 말하자면 '지나치게 복잡한 수학적 모형으로 특정 현상을 설명할 때, 학습 과정에서 사용된 자료만 잘 설명하고 그 밖의 새로운 자료는 잘 설명하지 못하는 현상'을 의미한다. 간단한(?) 예를 하나 들어보자. 사람에 따라 간단하지 않게 느껴질지도 모르겠지만 어쩔 수 없다. 이게 필자가 생각할 수 있는 가장 간단한 예시니, 혹시 불편하더라도 좀 참고 봐주시기 바란다.

우리가 학습하고자 하는 것, 이를테면 x와 y라는 두 변수 사이의 '참된 모습'은 y=2x-1이라는 수식으로 표현될 수 있다고 가정하자. 그러면 우리는 x=1에 대해서는 y=1을 관측할 것이고, x=2에 대해서는 y=3을 관측할 것이다. 그런데 우리가 그 '참된 모습'을 애초부터 아는 경우는 거의 없다. 이럴 때 우리가 할 수 있는 것은, 참된 모습에 대한 '후보'들을 만든 뒤, 자료를 가지고 어떤 모형이 현상을 가장 잘 묘사하는지 테스트하는 것이다. 여기서 단순화를 위해 하나는 일차함수, 즉 y=ax+b의 형식이고, 나머지 하나는 좀 더 '복잡'한 이차함수, 즉 $y=ax^2+bx+c$라고 해보자. 더 복잡한 모형들도 생각할 수 있겠지만, 여기서는 이 두 개만 생각하기로 하자.

이제 우리가 앞서 이야기했던 (1, 1), (2, 3)의 두 자료를 갖고 있다고 해보자. 이것을 가지고 우리는 일차함수와 이차함수의 계수들을 결정할 수 있다. 사실 이게 앞에서 말한 '학습'의 의미기도 하다. 구체적 방법은 간단하다. 이 값들을 방정식에 대입하고 연립해서 풀면 계수들이 결정된다. 수학을 좀 아는 독자라면 이차함수에 대해서는 자료 두 개가 계수, 즉 a, b, c를 유일하게 결정해주지 않는다는 것을 알 것이다. 따라서 이차항의 계수, 즉 a가 1이라고 가정하자. 그러면 미지수가 두 개로 줄어드니까 계수를 결정할 수 있다. 계산해보면 일차함수의 경우에는 우리가 알던 대로 $a=2$, $b=-1$이 나오고, 이차함수에서는 $a=1$, $b=-1$, $c=1$을 얻는다(사실 학습이라는 게 거창한 게 아니라, 이렇게 자료로부터 우리가 몰랐던 것을 '배우는' 게 일반적인 의미에서의 학습이다). 여기서 두 식, 즉 $y=2x-1$과 $y=x^2-x+1$은 (1, 1)과 (2, 3) 모두를 완벽하게 '설명'한다. 즉 이 값들을 등식에 대입하면 두 경우 모두 등호가 성립한다는 것을 확인할 수 있다.

문제는 학습하지 않았던 자료를 보았을 때 일어난다. 우

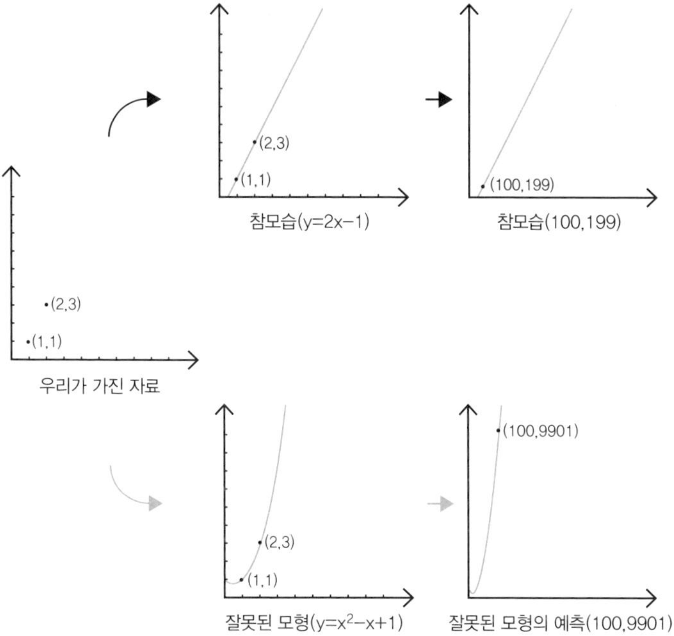

리는 둘 중 어느 것이 세상의 '참모습'인지 안다. 즉 $y=2x-1$이 참이고, $y=x^2-x+1$은 거짓이다. 그런데 참인 수식에 의하면, x에 3을 대입했을 때 y는 5여야 한다. 그런데 적합된 이차함수에 $x=3$을 대입하면 어떤 일이 벌어지는가? $y=7$이 나온다. 등식이 성립하지 않는 것이다. x에 좀 큰 값을 대입해보면 사태는 더 심각해진다. $x=100$을 대입하면, 세상의 참모습은 $y=199$

임을 알려주지만 이차함수는 y=9,901이라는 숫자를 산출한다. 현실로부터 아주 많이 비껴가는 것이다.

여기서 수학적 세부 사항에 대해 깊이 알 필요는 없다. 요는 세상을 설명하기 위한 모형이 세상의 참모습에 비해 지나치게 복잡하면, 그 모형은 과거에 본 사례는 잘 설명하지만 아직 보지 못한, 그러나 앞으로 볼 새로운 사례는 잘 설명하지 못한다는 것이다. 그리고 이것은 과거 사례를 잘 설명하기 위해, 복잡한 모형의 세부 사항들을 지나치게 '튜닝'했기 때문이다. 위 사례에서 이차함수로 자료를 설명하기 위해 계수를 b=-1, c=1에 고정한 것이 바로 그 '튜닝'에 해당한다. 그리고 이차함수는 일차함수에 비해 튜닝할 수 있는 값이 하나 더 많기 때문에, 지나친 튜닝의 문제에 더 취약하다. 수학이나 통계학 밖에서는 이것을 '보조가정'이라고 부를 수도 있을 것이다. 하지만 그 본질은 같다. 현상을 너무 복잡하게 설명하려면 불필요한 가정들을 도입해야 하고, 이것이 과적합의 주된 원인이라는 것이다.

이제 독자들에게 질문을 하나 하려 한다. 음모론과 과적합 간의 관계를 눈치챘는가? 만약 그렇다면 당신은 데이터과학자로서의 소질이 있을지도 모른다.

정신적 과적합으로서의 음모론

음모론은 정의상 음모론이 아닌 것보다 현상을 더 복잡하게 설명한다. 왜냐하면 음모론은 일반적인 세상에서는 참이기 힘든, 다시 말해 믿기 힘든 가정들을 상당수 동원하기 때문이다. 이를테면 부정선거 음모론의 경우, 중앙선거관리위원회 직원 가운데 상당수가 음모에 가담했고, 그들 중 한 명도 명백한 증거를 남기지 않았으며, 설령 누군가 그러는 것을 보았다고 해도 발설하지 않았고, 무엇보다 지금까지 그들 중 하나도 빠짐없이 굳게 입을 닫고 있었다는 가정이 성립해야 한다. 선거 조작이 없었다고 가정하는 경우, 이런 가정들은 하나도 필요하지 않다. 보다 '간명하게' 세상을 설명할 수 있는 것이다.

비유하면 부정선거 음모론은 위에서 말한 이차함수에, 그렇지 않다고 주장하는 쪽은 일차함수에 비유할 수 있을 것이다. 물론 우리는 세상의 '참모습'이 어느 쪽인지 100퍼센트 확실하게 알 수는 없다. 어쩌면 우리가 모르는 어떤 평행세계에서는 부정선거가 진짜로 일어났을 수도 있고, 그것이 아주 낮은 확률로 하필 우리가 지금 사는 세계였을지도 모른다. 하지만 두 '모형'의 복잡한 정도를 생각해보자. 선거 조작이 없었다고 가정해도 2020년 4월 총선의 결과를 설명할 수 있지만, 놀라운 것은 있었다고 가정해도 여전히 그 결과는 잘 '설명' 된다는 것이다. 여기서 '설명'이라고 하는 것은, 뭔가 참이라고 가정했을 때 결과가 가정과 크게 어긋나지 않는다는 뜻이다. 다시 말해 일단 부정선거가 참이라고 가정하고(그게 실제로 참이든 말든), 현 여당의 압승이라는 결과가 그럴듯하지 않느냐고 하면 그럴듯하다는 것이다. 조작했는데 선거를 압승하지 못할 이유가 무엇이겠는가?

문제는 결국 어느 쪽이 더 많은 (비현실적인) 가정을 동원하느냐 하는 것이다. 그리고 당연하게도, 부정선거 음모론을 주장하는 쪽이 앞서 말한 것처럼 더 많은 가정을 지니고 있다. 그런데 그 가정 중 대부분은 상당히 비현실적이다. 이 중 어느 것을 선택할 것인가? 현상, 즉 현 여당의 압승을 똑같이 잘 설명한다면, 더 단순한 설명을 고르는 게 합리적인 선택이라는 말이다.

실제로 이것이 통계학이나 기계학습에서 다양한 수학적 모형 중 더 나은 것을 고르는 기준이기도 하다. 즉 서로 다른 수학적 모형들이 현상을 똑같이 잘 설명하는 경우, 그중 가장 간단한 모형을 고르는 것이 '국룰'이다. 이것은 '오컴의 면도

날'이라는 원칙으로도 잘 알려져 있다. 그런데 이것은 어려운 학문의 세계에서만 통용되는 이야기가 아니라, 사실 일상에서 적극적으로 적용해야 하는 원칙이다. 정신적 과적합을 막기 위해 말이다.

마음을 '정규화'할 필요성

기왕 통계학 및 기계학습 이야기가 나왔으니 데이터과학에서 아주 중요한 개념 하나를 더 이야기하고 넘어가자. 이 개념은 사실 방금 이야기한 과적합과 밀접한 관련이 있다. 통계학자들이나 기계학습 과학자들이 과적합 현상이 일어난다는 것을 모를 리 없는데(사실 데이터분석을 실제로 해보면 과적합은 아주 흔히 일어나는 현상이다), 그러면 어떻게 대처할까? 물론 대책이 있다. 가장 흔히 사용되는 방법으로 '정규화regularization'라는 것이 있다. 사실 이 단어가 통계학이나 기계학습에서 사용되는 맥락에 대해 아주 잘 대응되는 번역이라고 하기는 힘들 것 같지만, 보통 저렇게 부르니 여기서는 그냥 넘어가자.

정규화가 하는 일은 독립변수, 위 수식에서는 x^2이나 x 등이 종속변수(앞의 예시에서는 y)를 설명하는 정도를 의도적으로 축소하거나, 아예 0으로 만들어주는 것이다. 이게 어떻게 돌아가는지 정확히 이해하려면 수학적으로 깊게 들어가야 하니 여기서는 생략하자. 아무튼 정규화는 특정 독립변수들을 사실상 제거해주거나, 제거하지 않더라도 종속변수를 설명하는 정도를 현저히 약화시키는 역할을 한다. 그 결과, 모형이 더 단순화되어 과적합이 방지되는 효과가 있다. 이 기법은 매우 강력하므로, 통계학이나 기계학습에서 복잡한 수리모형을 만들 때 빠지지 않고 등장하는 기법이다. 심지어 요즘 핫한 딥러닝에도 정규화는 과적합을 방지하기 위한 중요한 기법으로 즐겨 사용된다. 그리고 정규화된 모형은 대개 현실에서 놀랍도록 잘 작동한다. 특히 과적합된 모형에 비하면, 정규화된 모형은 비교도 할 수 없을 정도로 예측 성능이 높은 경우가 많다.

마찬가지로, 우리가 현상을 더 잘 설명할 것으로 기대하고 이런저런 가정을 붙일 때, 우리는 우리가 세상에 대해 마음속에 지닌 모형을 점점 더 '복잡'하게 만든다는 것을 명심해야 한다. 그리고 이를 방지하기 위해, 우리는 마음을 '정규화'할 필요가 있다. 즉 현실을 설명하기 위해 도입했던 전제들이 사실 불필요한 것은 아닌지, 좀 더 단순하게 세상을 설명할 방법은 없는지 생각해보자는 것이다. 만약 그렇게 할 수 있다면 가정들을 굳이 도입하지 않는 게 나을 것이다. 물론 어떤 가정이 꼭 필요하고, 그것 없이는 현실을 잘 설명하기 힘든데도 도입하지 말아야 한다는 이야기가 아니다. 일종의 균형을 찾자는 것이다. 특히 음모론은 도입해야 하는 가정의 개수가 상당히 많고, 대개 애초에 비현실적인 것이 많다. 이런 것들을 보면 '정규화'해주어야 한다는 말이다.

자신의 마음이 한쪽으로 쏠리는 것을 눈치채는 것은 생각보다 쉬운 일이 아니다. 앞서 동기화된 논증에 관해 이야기할 때도 말했지만, 그런 심적 기제들은 자신도 모르는 사이에 작동하고, 간교하게도 그런 일이 있었다는 것조차 자신에게 숨긴다. 어쩔 수 없이 우리는 어떤 주장을 접하고, 받아들일 때마다 우리 자신을 감시해야 한다. 물론 이것은 피곤하고 귀찮은 일이다. 그러나 이런 자기 감시가 없을 때, 이상한 주장이나 음모론에 빠지는 것은 실로 한순간이다. 이를 가장 잘 활용하는 사람들이 최근 큰돈을 벌고 있다는 소식을 흔히 접할 수 있다. 바로 일부 스트리머streamer들이나 인플루언서influencer들이다. 이들이 어떻게 돈을 버는지는 굳이 설명하지 않아도 될 것이다.

가능도와 사전확률

마지막으로 통계학 이야기를 조금 더 하고 넘어가려 한다. 이것도 음모론과 관련이 있는 이야기니, 지겹다고 생각하지 말고 조금만 더 참고 들어주면 좋겠다.

통계학에는 크게 두 흐름이 있다. 교과서에서 주로 가르치는 통계학은 20세기 중반에 배타적 주류를 차지했던 학파로, 흔히 '빈도주의frequentism'라고 불린다. 빈도주의 통계학에서는 확률을 다음과 같이 정의한다. 어떤 확률적 시행, 이를테면 동전 던지기를 예로 들어보자. 공평한 동전을 적은 횟수만, 이를테면 두세 번 던졌을 때는 앞면이 나온 비율이 정확히 절반이 되지 않는 경우가 흔히 생기고, 특히 세 번 던졌을 때는 무슨 수를 써도 던진 횟수의 정확히 절반이 앞면이 나오게 할 수 없다. 그러나 던지는 횟수를 무한히 늘리면, 다시 말해 동전을 한없이 계속 던지면 우리는 그중 앞면이 나오는 비율이 절반에 접근할 것이라고 생각할 것이다(아니라면 그 동전은 공평한 동전이 애초에 아니었을 것이다). 이처럼 시행을 무한히 했을 때 특정 사건이 발생하는 비율로 정의하는 것이 빈도주의 확률의 개념이다. 이런 의미에서 빈도주의 확률을 '상대도수의 극한'이라고 부르기도 한다.

그러나 통계학에는 일반에 널리 알려지지 않은, 최근에서야 주류에 편입된 다른 유파가 있다. 바로 '베이지안Bayesian' 통계학이다. 베이지안 통계학은 1980년대 이후에 와서야 비교적 널리 사용되기 시작했기 때문에 들어보지 못한 사람들이 많을 것이다. 베이지안 통계학은 빈도주의 통계학과 확률 자체를 다른 방식으로 정의하기 때문에 근본적인 차이가 있고, 한동안 철학적으로 대립해왔다(최근에는 이런 철학적 대립은 잦아들고, 보다 실용적인 측면으로 연구의 초점이 옮겨간 편이다). 구체적으로는, 베이지안 통계학에서는 빈도주의와 다르게 확률을 '믿음의 정도degree of belief'로 정의한다. 비유가 아니라 말 그대로 그렇다는 것이다. 이런 정의가 좀 생소하게 느껴지거나 잘 받아들여지지 않는 독자들이 많을 것이다. 학교에서 이렇게 배우지 않기 때문이다.

동전 던지기를 다시 예로 들면, 우리는 앞면이 나올 확률에 대해 어떤 '믿음'을 가질 수 있다. 동전이 불공평하다고 믿는다면, 우리는 앞면이 나올 확률이 정확히 0.5가 아닌, 0.6에서 0.7 사이의 어떤 값을 가질 것이라고 생각할 수 있다. 그리고 0.6과 0.7 사이의 값들은 똑같이 그럴듯하다는 믿음도 가질 수 있다. 이런 것을 '사전믿음prior belief' 또는 '사전확률prior probability'이라고 부른다. 여기서 사전확률은 어떤 자료도 관측하기 전에, 동전을 던졌을 때 앞/뒷면이 나올 가능성에 대한 믿음을 계량한 것이다. 베이지안 통계학의 핵심은 이 사전확률을 데이터를 실제로 관측하면서 계속 '업데이트'하는 것이다. 이 업데이트에 사용되는 수학 공식이 있으니 그 공식을 '베이즈정리Bayes' theorem'라고 부른다. 베이즈정리에 대한 자세한 설명은 이 책의 관심사가 아니므로 생략하겠다. 관심이 있는 분들은 통계학 입문 수준의 서적을 참고하거나 검색엔진에서 검색하면 다양한 관련 정보를 얻을 수 있다.

베이즈정리에는 세 가지 핵심적인 요소들이 있다. 첫째, 방금 언급한 사전확률 또는 사전믿음이다. 그런데 사전믿음은 불변이 아니기 때문에, 자료를 보고 나면 앞서 말했듯이 베이즈정리에 의해 '업데이트'된다. 이렇게 업데이트된 새로운 믿음(또는 확률)을 '사후확률posterior probability'이라고 부른다. 마지막으로 베이즈정리에 의하면, 사후확률은 사전확률과 '가능도likelihood'라는 것의 곱에 비례한다. 다시 말해, 업데이트된 믿음은 업데이트 전의 믿음, 그리고 가능도 모두에 비례하는 것이다. 하나가 아주 높으면 다른 하나가 다소 낮더라도 사후확률은 여전히 높을 수 있고, 반대의 경우도 성립한다.

그러면 가능도라는 것은 무엇인가? 이것은 일종의 '조건부확률conditional probability'이다. 다시 말해, 무엇인가가 참이라고 가정했을 때, 어떤 사건이 일어날 확률에 대해 말하는 것이다. 예를 들어 하늘에 먹구름이 짙게 꼈을 때, 비가 올 확률이 이를테면 50퍼센트라고 해보자. 그러면 아마도 먹구름이 끼지 않았을 때는 비가 올 확률이 그보다는 낮을 것이다. 여기서 주목할 것은, 가능도를 이야기할 때에 어떤 전제가 따라붙었다는 것이다. 이것은 앞서 본 동전 던지기와는 다른 상황이다. 동전을 던질 때, 우리는 그 확률을 말하기 위해 특별한 전제 조건을 달지 않는다. 물론 조건이 전혀 없다고 하기는 힘들 것이다. 예를 들어 우리는 동전이 언젠가는 땅에 떨어질 것이다(무중력 상태에서는 그렇지 않을 것이다), 또는 동전에는 정확히 두 개의 면만 있다 등의 아주 당연해 보이는 전제들도 함께 깔고 간다. 그러나 이런 당연한 것들을 제외하면 별다른 조건이 따라붙지 않는다는 것이다. 참고로 이처럼 특별한 조건이 달려 있지 않은 확률을 통계학에서는 '주변확률marginal probability'이라고 부른다. 가능도는 이와 달리, '동전이 공평하다' 또는 '동전을 던졌을 때 앞면이 나올 확률이 0.3이다' 같은 전제를 깔고 있다. 이 전제하에서 실제 관찰된 자료의 확률을 계산하면 그게 가능도의 값이 된다.

이것을 사전확률과 곱한 뒤, 약간의 추가 계산 과정을 거치면 업데이트된 믿음인 '사후확률'을 얻을 수 있다. 믿음이 '업데이트'되는 것이다. 그리고 가능도에 따라붙는 전제는 바로 사전확률에서 말하는 것이 참이라는 것이다. 말이 조금 복잡한데, 동전 던지기의 예를 다시 들어보자. 동전이 공평하다는 데 대해 우리는 2분의 1의 사전믿음을 가질 수 있다. 이어서 동전이 공평하다는 가정하에, 이를테면 세 번 연속 앞면을 관찰할 확률은 8분의 1이다. 이것이 가능도다. 이 둘을 곱하면 16분의 1이라는 값을 얻는데, 이것을 적당한 상수로 나누어주면 동전이 공평하다는 믿음에 대한 업데이트된 믿음, 즉 사후확률을 얻을 수 있다. 여기서는 사후확률은 사전확률과 가능도의 곱에 비례한다는 사실까지만 알면 충분하다.

베이즈정리와 음모론

지금까지 길게 베이지안 통계학, 가능도, 조건부확률, 주변확률 등의 이야기를 복잡하게 했다. 그런데 이런 것들이 음모론이나 가짜뉴스와 대체 무슨 상관이 있길래 이런 수고를 감수하는 것일까? 간단하다. 음모론이나 가짜뉴스는 높은 가능도와 낮은 사전확률을 가진 것으로 이해할 수 있기 때문이다. 앞에서 본 과적합 같은 관점과는 다소 다른 접근법이다. 음모론에서 전제하는 것들이 모두 참이라고 하면, 우리는 이 세상의 무엇이든 다 설명할 수 있다. 예를 들어 내 귀에 도청 장치를 설치한 악의 무리가 세상에 정말로 존재한다면, 우리는 우리를 둘러싼 온갖 불행을 그런 짓을 저지른 자들의 소행으로 다 설명할 수 있다. 이것이 바로 '높은 가능도'에 해당하는 내용이다. 그러나 우리는 애초에 귀에 도청 장치를 누군가 설치했을 가능성, 그 자체에 대해서도 생각해야 한다. 그럴 가능성이 애초에 얼마나 되는가? 매우 낮아서 거의 무시할 정도다(참고로 이런 의심에서 벗어나지 못하는 것은 정신질환의 흔한 증상이다). 너무나 낮아서—사실 0에 가까워서—설령 그게 참일 경우 나에게 닥친 불행이 하나도 빠짐없이 설명된다고 해도 둘을 곱하면 매우 작은 값이 될 것이다. 따라서 우리의 귀에 도청 장치를 누군가 일부러 심었다는 주장에 대한 '사후확률'은 매우 낮은 상태로 유지되어야 할 것이다.

그런데 사람들은 흔히 가능도에 대해서만 생각하고, 사전확률에 대해 전혀 신경 쓰지 않는 태도를 보인다. 애초에 설명 자체가 얼마나 그럴듯한지는 상관하지 않고, 그것이 참이라고 가정했을 때 얼마나 현상이 잘 설명되는지만 따지는 것이다. 그런데 이것은 우리가 가져야 할 사후확률, 다시 말해 자료를 관찰한 후 우리가 가져야 하는 업데이트된 믿음과는 엄밀히 말하면 다른 개념이다. 이것이 극단적인 상황이 되면 앞서 말한 과적합의 상황에 이를 수 있다. 지나치게 많은 가정을, 사전확률에 대한 검토 없이 받아들이는 것이다.

명심하자. 어떤 주장이 현상을 잘 설명할 경우, 그 주장이 깔고 있는 가정들 자체가 얼마나 그럴듯한지 꼭 평가해보자. 즉 그것들의 사전확률을 먼저 검토하자. 그리고 사전확률이 높으면서 주장이 현상을 충분히 잘 설명한다면, 그때 주장에 신뢰를 보내도 늦지 않다. 사실 쉽지는 않을 것이다. 앞서 설명한 온갖 편향이 우리의 앞을 가로막기 때문이다. 심리학에서도 기저율 무시base rate neglect, 대표성 휴리스틱representativeness heuristic 등의 현상은 사람들이 사전확률을 매우 흔히 무시한다는 사실을 잘 보여준다. 그러므로 더더욱 의식적 노력을 통해 습관을 들여야 한다.

참고로 사전확률을 무시하고 가능도만을 평가하는 통계적 기법이 실제로 존재한다. 놀랍게도 그 방식은 현재 가장 널리 쓰이는 추론 방식이기도 하다. '최대 가능도 추정법 maximum likelihood estimation'이라고 불리는 이 추정법은, 확률모형과 자료가 주어졌을 때 가능도를 최대화하는 어떤 값, 이를테면 모비율이나 모평균을 구하는 것이 목적이다. 다시 말해 모평균이나 모비율 등의 특정한 값이 사전에 얼마나 그럴듯한지는 상관없이, 자료를 가장 잘 설명하는 값이기만 하면 된다는 것이다. 그런데 모든 경우에 이런 추론 방식을 고집하면 어떻게 될까? 상상은 독자들에게 맡긴다.

챕터 2
케이스

7.

4·15 총선, 사전 투표는 조작되었다?

사그라지지 않는 '4·15 부정선거' 음모론

2020년 4월 15일에 실시된 제21대 총선은 여당인 민주당의 압승으로 끝났다. 180석을 확보한 범 더불어민주당은 과반을 확보하여, 법안을 단독으로 처리할 정도의 세력을 확보한 반면, 미래통합당(현 국민의힘)은 84석을 얻는 데 그쳤다. 이런 선거 결과에 많은 사람들이 놀랐지만, 2016년부터 2017년까지 이어진 탄핵 정국에 형성된 통합당에 대한 부정적 인식이 극복되지 않았기에, 납득하기 어려운 결과도 아니었다.

그런데 선거가 끝난 직후부터 여당에 의해 부정선거가 자행되었다는 음모론이 메신저와 소셜미디어를 중심으로 통합당 지지자들 사이에서 확산되기 시작했다. 사실 사전 투표에서 부정선거가 있을 수 있다는 음모론 자체는 선거 전부터 유포되던 상황이었다. 그리고 정치인, 교수, 파워 유튜버 등 대중에게 큰 영향력을 행사하는 위치에 있는 사람들이 음모론에 가담하기 시작했다. 부실한 투표함 관리 의혹부터 시작하여 개표기 조작설, 중국 해커에 의한 해킹 가능성 등 다소 황당한 수준의 음모론까지 고개를 들기 시작했다. 그러나 그중 압권은 사전/현장 투표 득표율 간에 차이가 난다는 것을 근거로 한, 나름 통계적(?) 근거를 갖춘 부정선거 음모론이었다. 이번 선거의 특징 중 하나는 다수의 선거구에서, 현장 투표보다 사전 투표에서 여당 지지율이 높았다는 것인데, 이로 인해 처음에는 통합당 후보들이 앞서다가 밤늦게 결과가 뒤집히는 사태가 발생했다. 이게 의심스럽다는 것이다. 2020년 11월 치러진 미국 대선에서도 비슷한 문제 제기가 계속되어 미국 사회를 어지럽히고 있다.

최근까지 부정선거 음모론 전파에 가장 적극적으로 나선 인물은 민경욱 전 의원이다. 민 전 의원은 당일 현장 투표에서는 1위를 하다가, 사전 투표 결과가 합산되면서 민주당 정일영 후보에게 약 2퍼센트포인트의 근소한 차이로 밀려 패배했다. 이를 받아들이지 못했는지, 민 전 의원은 적극적으로 각종 부정선거 의혹을 펼치기 시작했다. 나중에는 급기야 중국 해커가 선거에 개입했다고 주장하면서, 그 근거로 해커가 '공산당을 따르라follow the party'라는 표식을 전산 시스템에 은밀히 남겼다는 음모론을 제기하기도 했다. 대다수 전산 전문가들은 이런 주장을 황당하다고 받아들이는 듯하다. 같은 당 소속 하태경 의원조차 이러한 음모론이 터무니없다고 반박하면서, 민경욱 의원이 주장하는 대로라면 어떤 황당한 문자의 조합이든 만들어낼 수 있다는 것을 시연해 보이기도 했다. 2020년 11월 현재 이 사건은 여전히 현재진행형으로, 법원에서 소송이 진행 중이다.

음모론에 올라탄 전문가들

물론 선거에서 근소한 차이로 아깝게 진 사람의 마음을 이해하지 못하는 것은 아니며, 편향된 매체들로부터 음모론을 접한 일반인들이 그것에 쉽게 빠지는 것도 인간적으로 이해하지 못할 바는 아니다. 그러나 이번 사태에서 주목할 것은, 소위 지식인이라 불리는 사람들까지 음모론에 동조하는 것을 넘어, 적극적으로 선도하고 전파했다는 사실이다. 나중에 설명하겠지만, 이들의 주장은 기초 수준의 통계학적 사실을 무시하는 것이어서 상당히 충격적이라고 하지 않을 수 없다. 심지어 여러 사람이 오류를 지적하는데도 불구하고, 이들은 선거가 조작되었다는 가짜뉴스의 전파를 멈추지 않았다. 여기에는 심지어 미국 소재 한 대학교의 정치학자까지 동조해 충격을 주었는데, 그의 주장 또한 얼마 지나지 않아 기초적 사실관계 오류를 지적한 국내 정치학자들에 의해 논파되고 말았다. 대체 무슨 일이 일어났던 것일까?

'2의 424제곱분의 1'

이번 부정선거 음모론의 중심에 '2의 424제곱분의 1'이라는 숫자가 있었다. 학창 시절 수재로 전국에 이름을 날렸던, 한 대학에 재직 중인 물리학 교수가 처음 들고나온 이 숫자는 다른 부정선거 음모론자들에게 인용되면서 급속도로 퍼져나가, 오늘날에 이르기까지 완전히 없어지지 않고 있다. 대체

이 숫자가 의미하는 것은 무엇일까? 그것부터 살펴보고 가도록 하자. 만약 수학적 논의가 불편한 독자가 있다면, '2의 424제곱분의 1'이라는 이야기에 기반을 둔 부정선거 음모론은 완전히 잘못된 가정에 근거한 엉터리 주장이라는 것만 알아두고 이 단락은 그냥 넘겨도 큰 문제가 없을 것이다.

이 주장의 골자는 다음과 같다. 서울에는 49개의 선거구가 있는데, 동별로 살펴보면 총 424개 동이 있다. 그런데 사전투표 결과를 봤더니 전부 민주당 후보가 승리했더라는 것이다. 그런데 특정 동에서 민주당 후보가 사전 투표에서 승리할 확률이 2분의 1이라면(민주당/통합당 이외의 군소 후보들을 고려하지 않을 때), 424개 동 전부에서 민주당 후보가 승리할 확률은 2의 424제곱분의 1로 매우 작은 숫자라는 것이다. 그런데 이런 매우 작은 확률의 사건이 우연히 일어났을 리가 없으므로, 결국 누군가 인위적으로 개입하여 이런 결과를 만들어냈다는 것이다. 따라서 부정선거가 있었다는 것이다.

이 주장을 좀 더 잘 이해하고, 나아가 왜 틀렸는지 이해하기 위해서는 잠깐 머리 아픈 확률 이야기를 하지 않을 수 없다. 독자 여러분의 양해를 구한다. 위 주장에서는 각 동에서 민주당 아니면 통합당 후보가 이기는 두 가지 경우만 있다고 가정했다. 이와 가장 가까우면서, 독자 여러분이 수학 교과서 등에서 가장 친숙하게 접했을 사례는 바로 동전 던지기다. 이제부터는 동전 던지기를 하는 경우를 대신 생각하자. 형식적으로 둘은 완전히 같은 구조다.

이제 세 개의 동전을 한꺼번에 던진다. 모두 앞면이 나올 확률은 얼마일까? 각각의 동전이 서로에게 영향을 끼치지 않는다는 가정하에, 각각의 동전이 앞면이 나올 확률을 동전 개수만큼 곱하면 된다. 그런데 가정에 의해 앞면이 나올 확률이 2분의 1이므로, 우리가 원하는 답은 2분의 1을 세 번 곱한 값인 8분의 1임을 확인할 수 있다. 여기까지는 중고등학교 수학 교과서에서 나오는 내용이다.

그런데 이 결론을 얻으려면 두 가지 중요한 가정이 참이어야 한다. 첫째, 각각의 동전을 던졌을 때 앞면이 나올 확률이 정확히 2분의 1이어야 한다. 다시 말해 여기서 생각하는 동전은 '공평한' 동전이다. 둘째, 어떤 동전을 던진 결과와 다른 동전을 던진 결과는 서로 영향을 끼치지 않아야 한다. 다시 말해 동전 하나가 앞면이 나왔다고 해서 다른 동전이 앞면이 나올 확률이 올라가지 않는다. 이를 확률론에서는 '독립'이라고 한다. 각각의 사건이 독립이어야 확률을 구할 때 전부

곱해서 계산할 수 있고, 그렇지 않으면 곱할 수 없다. 물론 독립이 아닐 때도 확률을 구할 수는 있지만, 이것은 좀 복잡한 이야기니 여기서는 이야기하지 않기로 하자.

이제 사전 선거의 경우로 돌아가서, 이 두 가지 가정이 성립하는지 검토해보자. 각각의 동전은 '공평'한가? 이것은 비유니까, 원래 사전 선거의 맥락으로 돌아가서 말하자면, 각각의 동에서 민주당 후보나 통합당 후보가 승리할 확률이 각각 2분의 1씩으로 같았는가? 이 가정은 당연히 거짓이다. 만약 이 가정이 참이라면, 우리는 각 정당의 지지율이 어떻든, 정치적 상황이 어떻든 무조건 각 후보의 승리 확률은 똑같다고 가정해야 한다. 그런데 이것은 말이 안 된다. 2분의 1이라는 것은 사실 일종의 수학적 편의일 뿐, 현실 세계에서 성공률이 정확히 2분의 1인 시행은 찾아보기 힘들다. 선거의 경우에는 더 그렇다.

둘째, 선거구들에서 민주당 또는 통합당 후보가 승리하는지의 여부가 독립이었나? 다시 말해, 한 선거구에서 민주당 후보가 승리하는지가 다른 선거구에서 민주당 후보가 승리하는지의 여부와 전혀 관련이 없었는가? 이것 또한 의문스럽다. 서울특별시라는 지역은 그 안에서는 꽤 동질적이며, 특정 선거구에서 특정 정당 후보가 이기면 다른 선거구에서도 그 정당 후보가 이길 확률이 더 높을 것이라고 가정하는 것이 합리적이다. 특히 인접한 선거구끼리는 같은 정당의 후보가 승리할 확률이 꽤 높게 관련되어 있다고 보는 게 합리적일 것이다. 따라서 독립성 가정도 성립하지 않는다. 정리하면, 앞서 언급한 두 가정이 모두 틀렸기 때문에 우리가 얻은 선거 결과, 즉 424개 동에서 모두 민주당 후보가 사전 투표에서 승리했다는 결과의 발생 확률이 2의 424제곱분의 1이라는 주장을 받아들일 수 없다는 결론에 도달한다. 오히려 그 반대다. 만약 사전 선거에서 민주당이 승리할 확률이 전반적으로 0.5 이상이었고, 이런 추세가 인접한 동 간에 관련되어 있었다면, 민주당의 압승을 예상하는 것이 더욱 자연스러울 것이다.

놀라운 것은 이런 황당한 확률적(?) 음모론을 퍼뜨리거나 가담한 주체가 지식인층, 심지어 이공계 교수들이었다는 점이다. 그중에는 심지어 통계학 전공자도 있었다. 구체적인 인적 사항까지는 여기서 밝히지 않겠지만, 부정선거 음모론에 관심이 있었던 독자들이라면 그들이 어떤 전공 배경을 가지고 있었는지 알 것이다. 그리고 그 전공들은 대개 수학을 꽤 잘하는 사람들만 선택하는 전공으로 인식되는 것들이다. 그런데 지금까지 살펴본 바에 따르면, '2의 424분의 1'류의 음모론이 틀렸다는 것은 중고등학교 수준의 확률적 지식만 가지고도 논파할 수 있는 매우 엉성한 것이었다. 그런데 심지어 교수들마저 이런 음모론에 빠졌다는 것이다. 놀라운 일이 아닐 수 없다. 이런 문제가 수능에 나왔었다면 이들은 절대 틀리지 않았으리라. 대체 무슨 일이 일어난 것일까? 시간이 너무 오래 흘러서 관련 내용을 모두 잊어버린 것일까? 도무지 납득하기 힘든 일이다. 그런데 여기에는 사실 함정이 있다.

누구도 자유로울 수 없는 인지적 편향

어쩌면 이 전문가들은 부정선거 음모론을 정말로 믿고 있었을 것이다. 앞서 언급했듯이, 각종 인지적 편향은 무의식적으로 작동하고, 각종 감정적·동기적 요소가 개입하기 때문이다. 누군가 말하지 않았던가? 최고의 사기꾼은 자기 자신마저 속이는 사기꾼이라고 말이다. 그리고 인지적 편향으로부터는 심지어 전문가들도 완전히 자유로울 수 없다. 필자의 솔직한 심정으로는 부정선거론자들의 선의를 믿고 싶다. 중고등학교 수준의 확률론도 이해하지 못하는 사람들을 대상으로 일부러 그런 터무니없는 주장을 하여 어떤 목적을 노리는 전문가가 있다는 것은 너무 슬픈 일 아닌가?

이 전문가들은 어떻게 자신들조차 모르는 사이에 스스로를 속일 수 있었을까? 앞서 언급했던 인지적 구두쇠 현상이 유력한 후보다. 인지적 구두쇠 현상은 지능 자체가 높은지 낮은지와 상관없이, 사람들이 인지적 자원을 아끼는 성향이 있기에 발생하는 현상이다. 좀 더 일상적인 말로 표현하자면, 그냥 머리 아프게 생각하기 싫어서 깊이 생각해보지 않았다는 것이다. 똑똑한 사람들이라고 항상 생각하면서 사는 것을 좋아하는 것은 아니다. 기억하자. 생각이라는 것은 상당히 '비싼' 행동이다. 많은 에너지가 들고, 때로는 고통스러울 수 있는 일이다. 그리고 지능이 높다고 이런 비용이 완전히 면제되는 것은 아니다. 사람은 누구나 인지적 자원을 아낄 수 있을 때 아끼는 것을 좋아한다.

하지만 단순히 인지적인 이유가 아니었을 수도 있다. 앞서 동기화된 논증에 관해 이야기했던 것을 떠올린 독자라면, 부정선거 음모론의 경우에도 그것이 작동했으리라 쉽게 추측할 수 있다. 당연히 그렇겠지만, 부정선거 음모론을 제기한 전문가들의 배경을 보면 대개 보수 진영에 적을 둔 적이 있거나,

정치적으로 보수 성향이라는 것을 알 수 있다. 믿을 수 없는 선거 참패라는 결과를 받아들였을 때, 이들은 자신도 모르게 음모론에 빠져들게 된 것은 아닐까?

이와 관련하여, 실제로 4·15 총선 이후로 정신과적 증상을 호소하는 보수 성향 유권자들이 많았다는 보고가 있었다는 것을 참고하자.[1]

기사에 따르면, 선거 참패에 크게 실망한 보수 성향 유권자 중에는 식사도 하지 못하고, 잠도 잘 이루지 못하는 등 선거 결과에 대해 극도의 분노를 표출하는 사람들이 있었다. 그리고 그 정도는 정신과 전문의들과 심리학자들이 증상이 2주 이상 계속되면 병원에 갈 것을 권유할 정도로 심각했다고 한다. 이런 상황에서 사실 자기 '진영'의 반대쪽을 지지하는 논리를, 그것도 수학적 세부 사항까지 다 따져가면서 찬찬히 검토한다는 것은 무척 어려운 일이었을 것이다.

이공 계열에서 학술지에 논문을 쓸 정도의 지능을 가진 사람들이, '2의 424분의 1'이 얼마나 취약한 가정에 기반하고 있는지 이해하지 못한다고 보는 것은 어불성설이다. 그러면 가능성은 두 가지다. 알면서도 일부러 그러는 것이든지, 아니면 인지적 편향의 결과물이든지. 필자는 아직 인류애를 잃고 싶지 않아서 그런지 후자의 설명에 좀 더 무게를 싣고 싶지만, 진실이 무엇인지는 부정선거 음모론에 동의한 본인들만 알고 있을 것이다.

음모론의 나비효과

4·15 부정선거 음모론은 지금까지 살펴본 바와 같이 각계각층의 전문가들이 주도적으로 참여했다는 점이 기존의 음모론 사례들과 다소 다른 점이다. 물론 과거에도 전문가들이 간접적으로 참여한 적이 있었을지 모르지만 4·15 부정선거 음모론과 같이 광범위하게, 주도적인 역할을 한 사례는 매우 드물다. 그런데 문제는 이들이 생산, 전파한 음모론이 대중에게 급속도로 전파되었다는 것이다. 이들 중 일부는 인기 유튜브 등 소셜미디어 채널을 갖고 있기도 하다. 부정선거 음모론 전파에 가장 적극적이었던 한 보수 지식인의 유튜브는 2020년 9월 말 현재 58만 명 이상의 구독자를 갖고 있었고, 2021년 1월 현재 62만 명에 육박하고 있다. 단 넉 달 사이에 구독자가 4만 명 늘어난 것이다. 엄청난 성장세다. 아무튼 이런 매체들을 통해 부정선거 음모론이 급속도로 퍼져나갔을 것으로

보인다. 미국 대선이 끝난 현재, 이들은 미국 부정선거론에도 합류하여 활발히 음모론을 퍼뜨리고 있다.

단톡방 등 주로 동질적인 연령대, 동질적인 정치적 성향을 지닌 사람들이 모인 곳에서 공유되는 이러한 매체들은 확증편향을 더욱 심화시키는 역할을 한다. 심지어 서로 상충하는 입장을 지닌 상황에서도 사람들은 자신의 사전믿음을 강화하는 매체를 적극적으로 수집한다는 것이 확증편향이 알려주는 바인데, 심지어 자신의 의견을 적극적으로 뒷받침해주는 매체들만 즐비한 곳에서 인지적 편향이 얼마나 강하게 작동했을지는 굳이 말하지 않아도 짐작할 것이다.

음모론의 확산 과정에서 기계, 즉 알고리즘도 나름의 역할을 했을 것으로 보인다. 지난 2018년《사이언티픽 아메리칸Scientific American》은 '편향이 사람들을 소셜미디어가 퍼뜨리는 잘못된 정보에 취약하게 만든다'라는 제목의 기사를 실었다.[2]

이 기사에 따르면, 소셜미디어가 편향을 강화하는 세 가지 기제가 있는데, 그중 하나는 '기계 안의 편향bias in the machine'이다. 소셜미디어 알고리즘들은 이 편향을 부추기는 역할을 한다. 예를 들어 그 알고리즘들은 이미 클릭한 것과 최대한 비슷한 종류의 정보를 사람들에게 보여줌으로써, 사용자의 확증편향을 강화한다. 전문가들은 이런 현상을 '필터버블' 또는 '에코체임버echo chamber'라고 부른다. 전자는 걸러진 정보의 거품 속에 사용자들이 갇히게 된다는 의미고, 후자는 계속 소리쳐도 같은 소리만 맴돌아 돌아오는 방 안에 사용자가 갇히게 된다는 의미다. 어느 쪽이든 한쪽의 입장만 계속해서 받아들이게 되는 소셜미디어, 검색엔진 등의 사용자들을 묘사하는 표현이라는 점은 같다. 이런 기제들이 사람들로 하여금 확증편향으로부터 헤어나올 수 없게 만든다는 것이다.

부정선거 음모론은 2020년에 일어났던 많은 반정부 시위의 원동력이 되었고, 마침내 8월 15일 광화문에서 있었던 대규모 집회에서는 '4·15 부정선거 국민투쟁본부'가 주최 역할을 맡기에 이른다. 코로나바이러스로 인해 온 국민이 사회적 거리두기와 방역에 여념이 없던 시기, 이 집회는 전국적인 코로나바이러스 확산이라는 최악의 결과를 가져왔다. 그 결과 사회적 거리두기 단계가 상승하고, 많은 자영업자가 고통을 당하는 결과로 이어졌다. 실로 음모론의 나비효과라고 할 만하다.

현실에서 가짜뉴스가 전파되는 방식

지금까지 4·15 부정선거 음모론의 사례를 통해 앞서 이야기했던 것들이 현실에서 구체적으로 어떻게 작동하는지 살펴보았다. 재미있게도 진영 논리와 가짜뉴스를 생산 및 전파하는 기작들은 하나하나 따로 작동한다기보다는 여럿이 함께 작동한다는 것을 확인할 수 있었으며, 현대 기술의 발전은 그것을 방지하기보다는 오히려 부추기는 역할을 했다는 것 또한 확인할 수 있었다. 이처럼 인지적 편향이 현실에서 작동하는 방식은 실험실에서 볼 수 있는 것과 같이 고립된 것이 아닌, 서로 결합하여 복잡다단하게 나타난다. 그런데 이는 비단 보수라는 특정 정치적 성향 집단에서만 관찰되는 것이 아니다. 인지적 편향과 기술 발전이 특정 정치적 성향을 지닌 이들에게만 작동할 리가 없기 때문이다. 다음 장에서 우리는 반대쪽 정치적 진영에서도 비슷한 사례가 있었다는 것을 보게 될 것인데, 그 사례 또한 이 사례와 놀랍게 닮았다는 것을 알게 될 것이다. 다소 우울한 결론이지만, 그것이 현실이다. 인지적 편향은 진영을 가려가면서 작동할 리가 없기 때문이다.

8.

〈더 플랜〉, 18대 대선 개표에 개입이 있었다?

좌우를 가리지 않는 진영 논리

애초에 진영 논리라는 것이 인간에게 내재된 보편적인 심리적 기제 때문이고, 좌우 구분은 인간이 만들어낸 인위적 기준에 불과하다면, 진영 논리와 그에 기반을 둔 가짜뉴스가 한쪽에만 적용되는 현상일 것이라고 여기는 것 또한 모순일 것이다. 실제로 한국의 정치적 지형에서 '진보'로 분류되는 쪽에서도 가짜뉴스를 생산하고 전파한 사례가 있는데, 아이러니하게도 그 소재는 앞서 살펴본 부정선거로 똑같았다. 역시 진영을 막론하고 가장 민감한 정치사회적 이슈라 그런 것일까? 그리고 지금부터 살펴볼 것이지만, 그 논리 또한 무서울 정도로 닮았다. 이 사례가 독자들에게 시사하는 바가 분명 있을 것이라고 여기는 것은 이 때문이다.

지난 2015년, 온 국민이 아직 세월호 침몰 사고의 슬픔에서 완전히 헤어나오지 못했던 그때, 당시 진보 진영의 대표적 스피커들과 일부 인물들은 소위 '프로젝트 부'라는 것을 발표한다. 세월호 관련 다큐멘터리를 만들 것이며, 이를 위한 모금을 진행하겠다는 것이었다. 2020년 10월 현재도 해당 웹사이트는 검색엔진 등을 통해 쉽게 접근할 수 있다. 대중의 반응은 뜨거워서, 애초 10억 원을 목표로 시작했는데 불과 한 달 반 만에 목표액을 채웠다고 한다. 그리고 내 돈도 받아달라는 사람들의 뜨거운(?) 성원에 힘입어, 추가 모금을 개시하여 목표액의 두 배에 달하는 20억 원 이상의 돈을 모으기에 이르렀다. 실로 성공적인 모금 캠페인이 아닐 수 없었다.

여기까지는 좋았다. 문제는 이 프로젝트에서 처음 언급했던 세월호 관련 다큐멘터리만 제작한 것이 아니었다는 것이다. 제작진은 박근혜 전 대통령과 문재인 대통령이 격돌했던 18대 대선에 대한 부정선거론을 다큐멘터리 영화로 만들겠다고 발표했다. 그리고 그 결과물은 〈더 플랜〉이라는 이름의 영화로 세상에 나왔다. 이것이 2017년 4월의 일이다. 이 영화는 여러 통계학자, 관련 분야 전공자들을 인터뷰하며, 선거 개표가 조작되었다는 주장에 대해 꽤 신빙성 있어 보이는 근거를 제시하는 것처럼 보였다. 이 영상물은 아직도 유튜브 등에서 조회 가능하며, 현재 180만에 가까운 조회수를 기록하고 있다. 발표 당시에도 상당한 화젯거리가 되었던 것으로 기억한다.

결과는 어땠나? 박근혜 전 대통령은 비록 다른 죄목들로 인해 감옥에 있지만, 우리가 그를 부정선거로 당선된 대통령으로 기억하지는 않는 걸 보면 〈더 플랜〉의 주장이 그리 심각하게 받아들여졌던 것 같지는 않다. 그러니까 다수의 관련 전문가들까지 동원되었던 주장이 사실이 아니었다는 것이다. 믿기지 않는 일이지만, 엄연히 일어난 일이다. 대체 무슨 일이 있었던 것일까? 우리는 파헤쳐 들어가면 들어갈수록, 4·15 부정선거 음모론과 비슷한 점을 발견하게 된다.

〈더 플랜〉과 K값

〈더 플랜〉에는 부정선거의 가능성과 관련하여 여러 가지 이야기가 나오지만, 가장 핵심적이면서 사람들의 입에 많이 오르내린 소재는 바로 'K값'이라고 불리는 것이다. 그리고 필자도 이것에 대해 주로 이야기할 것이기 때문에, K값에 관해 간단히 소개하고 넘어가려고 한다.

K값은 쉽게 말하면 일종의 '비율 간 비율'이다. 분모와 분자가 모두 비율로 구성되어 있다는 것이다. 여기서 분자는 기계가 정상적으로 분류하지 못해 수작업으로 분류된 표, 즉 '미분류표' 중 (박근혜 후보 득표 수)/(문재인 후보 득표 수), 분모는 기계가 정상적으로 분류한 표 중 (박근혜 후보 득표 수)/(문재인 후보 득표 수)이다. 그러니까 K값=(미분류 표 중 박/문 득표 비율)/(분류 표 중 박/문 득표 비율)이다. 여기서 두 후보를 제외한 다른 후보들의 득표율은 미미하다고 보고 무시하기로 한다.

만약 미분류 표의 발생이 두 후보의 득표 비율과 무관하다면, 다시 말해 둘이 서로 '독립'이라면 K값의 분자와 분모가 대략 비슷한 값을 가질 것이라고 여기는 것이 자연스럽다. 즉 이런 상황에서 K값에 대해 가장 그럴듯하다고 기대할 수 있는 값은 1이다. 물론 개별 투표소나 선거구에서 실제로 관측된 K값은 1로부터 빗나갈 수 있다. 언제나 우연이라는 것이 작동하기 때문이다. 이를 통계학에서는 '표집오차sampling error' 라고 부른다. 하지만 K값들을 충분히 많이 모으면, 우리가 기대하는 것은 1을 중심으로 어느 정도 대칭적으로 펼쳐진, 소위 '종형 곡선'을 이루는 K값들의 분포다. 물론 그 모양은 정확한 종형이 아닐 수도 있지만, 그래도 그로부터 아주 많이 벗어나지는 않는 모양을 기대할 수 있을 것이다.

그런데 〈더 플랜〉 제작진이 자료를 분석한 결과는 실로 놀라웠다. K값이 1이 아닌 1.5를 중심으로 하는 종형 곡선을 그리더라는 것이었다. 이것은 무엇을 의미할까? 일단 K값에서 분자가 분모보다 대체로 컸다는 것이다. 그리고 분자가 분모보다 크다는 것은, 정상적으로 분류된 표에서보다 미분류 표에서 박근혜 후보의 득표율이 더 높았다는 것이다. 그런데 미분류 표는 정의상 사람이 개입하여 분류했기 때문에, 여기서 불순한 의도나 세력의 개입을 의심할 수 있다는 것이다.

일견 그럴듯하지만, 여기에는 치명적인 약점이 있다. 기민한 눈을 가진 독자라면 이미 알아챘을 것이다. 그리고 한 가지 더 중요한 점이 있다. 이 주장에서 범하고 있는 통계적 오류는 앞서 살펴본, 4·15 부정선거 음모론과 논리적으로 정확히 똑같다. 이 사실을 직시하는 것이 매우 중요하다. 진영 논리와 가짜뉴스가 좌우 진영을 가리지 않고 발생한다는 결정적 단서가 되기 때문이다. 그러면 그 오류는 대체 무엇이었을까?

'2의 424제곱분의 1', 그리고 기시감

사실 앞 장에서 이야기한 사례를 본 독자는 〈더 플랜〉의 주장을 살펴보면서 '평행 이론'을 발견한 것에 소름 끼치도록 무서움을 느꼈어야 한다. 결국 두 주장은 똑같은 논리, 다시 말해 일종의 확률적 독립에 기반을 두고 있기 때문이다. 지금부터 그 이유를 좀 더 자세히 설명하겠다.

4·15 부정선거 음모론의 경우, 사전 투표와 본 투표 간 득표 비율이 같아야 하는데, 이는 두 집단이 같은 모집단에서 오기 때문이라는 주장이었다. 즉 사전 투표 여부는 지지 후보와 상관이 없어야 한다, 즉 둘은 독립이어야 하는데, 실제로 관측된 자료는 그렇지 않으니 조작되었다는 것이다. 뭔가 본 것 같은 느낌이 드는가? 〈더 플랜〉의 주장도 이와 똑같은 논리적 구조를 갖고 있다. 즉 〈더 플랜〉의 주장이 성립하려면, 체계적 조작이 없다고 가정했을 때 표가 제대로 분류되는

지 여부는 그 표가 어떤 후보에게 가는지와 전혀 상관이 없어야 한다. 즉 조작이 없었다면, 분류/미분류 여부와 지지 후보 사이에는 반드시 확률적 '독립'의 관계가 있어야 한다는 것이다. 그런데 그런 결과가 나오지 않았기 때문에 선거가 조작되었을 가능성이 있다는 것이다.

이제 두 음모론 사이의 연결 고리가 좀 보이기 시작하는가? 그렇지 않다면 지금까지의 논의를 다시 찬찬히 읽어볼 것을 권한다. 핵심은 두 주장 모두 일종의 확률적 독립 상황에 의존한 주장이라는 것이다.

그래서 〈더 플랜〉의 주장이 맞았는가? 앞서 말했듯이 그렇지 않으며, 지금 18대 대선이 조작되었다고 믿는 사람은 거의 없다. 사실 〈더 플랜〉의 주장에 대한 가장 직접적인 반박 증거는 아이러니하게도 그 바로 다음 대선인 19대 대선으로부터 왔다. 19대 대선은 모두가 알다시피 현직 대통령 탄핵이라는 초유의 사태 하에서 진행되었으며, 무엇보다 〈더 플랜〉의 영향으로 인해 선관위에서도 개표 과정의 투명성과 신뢰성을 담보하기 위해, 개표사무참관단을 창설하고 개표 기계의 개표 속도도 의도적으로 낮추는 등, 신뢰를 확보하기 위한 노력을 이전과는 비교도 되지 않을 정도로 기울였다. 이런 투명한 환경에서 이루어진 선거에서 계산된 K값은 1에 가까워지기는커녕, 오히려 소폭 상승한 1.6을 중심으로 분포하는 모습을 보였다. 이 결과는 〈더 플랜〉의 핵심 주장인 의심스러운 K값에 대한 문제 제기를 완전히 불식시켰으며, 이로 인해 18대 대선 부정선거론은 사실상 사망 선고를 받았다. 필자가 과문한 탓인지, 그 이후로 〈더 플랜〉 제작진이 과오를 인정했다는 이야기를 들은 적이 없다.

놀랍지 않게도, 〈더 플랜〉과 4·15 부정선거 음모론 사이에는 연결 고리가 미약하게나마 존재한다. 국내에서 대표적인 보수 성향 정치 유튜브 채널로 '가로세로연구소'가 있는데, 총선 이틀 후인 2020년 4월 17일 이 채널에 출연한 김용호 기자는 부정선거 음모론의 근거로 다름 아닌 〈더 플랜〉의 주장들을 차용했다. 2020년 5월 5일에 작성된 《미디어오늘》 기사[1]에 의하면, 김용호 기자는 "이 영화를 보시면, 저도 사실 김어준 싫어해서 굳이 볼 필요 없다고 생각했는데 막상 보니까 소름이 끼쳤다. 김어준이 투표 조작에 대해 다큐멘터리를 찍으면서 엄청나게 공부를 많이 했다. 이 다큐멘터리에 세계적 컴퓨터, 통계 전문가들이 나오는데 그들 말은 컴퓨터를 믿으면 안 된다는 것이었다."라고 발언했다. 4·15 부정선거 음모론이

〈더 플랜〉의 직접적인 영향을 받았는지는 알 수 없지만, 적어도 전자가 후자에 대해 알고 있었고, 주장의 핵심이 일맥상통함을 알고 있었다는 증거라고 볼 수 있다.

〈더 플랜〉과 K값이 틀린 이유

결국 K값 관련 문제 제기도 분류/미분류 표가 같은 모집단에서 왔으니까 무조건 동질적이어야 한다는, 검증되지 않은 주장에 기댔기 때문에 틀렸다고 볼 수 있다. K값과 관련하여 가장 많이 지적된 것이 바로 이 지점이었다. 이 주장을 논파하려면 결국 체계적 개입이나 조작이 없는 상황에서도, 분류/미분류 여부와 지지 후보가 독립이 아닐 수 있음을 보여야 한다. 그런데 조금만 생각해보면 충분히 그럴 수 있다. 18대 대선은 유례없는 세대 간 대결 양상으로 갔고, 박근혜/문재인 후보 지지 여부와 연령 간에는 높은 상관correlation이 있었다. 그런데 연령은 무효표의 생성과도 관련이 있다고 추측하는 것이 자연스럽다. 아무래도 연령이 낮은 집단에 비해 높은 집단에서 무효표가 생성될 확률이 더 높기 때문이다. 여기서 연령은 일종의 '제3의 변수'이며, 이것이 지지 후보와 무효표 여부 모두에 영향을 끼치므로, 둘 간에는 상관이 생긴다. 통계학과 사회과학 등에서는 이런 것을 '가짜 상관spurious correlation'이라고 부르기도 한다. 둘 사이에 직접적인 인과관계는 없는데, 제3의 공통 원인으로 인해 그런 것처럼 보이는 착시가 생기는 경우를 일컫는 말이다. 아무튼 〈더 플랜〉 측에서는 체계적 개입이 없다면 이 상관은 존재할 수 없다고 주장했던 것이다. 그런데 우리는 19대 대선의 결과를 통해 조작 없이도 가짜 상관이 존재할 수 있음을 알게 되었다.

진영을 가리지 않고 무리한 가정에 기대어 엄청난 주장을 하는 것은 공통적인 행태처럼 보인다. 그런데 그런 가정들은 대개 숨겨져 있으며, 주장하는 측에서는 매우 당연한 것처럼 간주한다. 그런 것을 간파할 수 있으면 좋겠지만, 해당 주제에 대해 전문성이 없는 사람들의 처지에서는 감쪽같이 속아 넘어가기 쉽다. 심지어 일부 전문가들도 깜빡 속아 넘어갔으니 더 말해 무엇하겠는가. 한편 우리는 여기서 전문성에도 한계가 있다는 것을 알게 된다. 〈더 플랜〉에 등장하는 통계 전문가들의 사례에서, 우리는 통계학에는 전문성이 있더라도 선거 제도와 여타 사회과학적 변수, 이를테면 지지 후보에 대한 연령의 효과에 대해 모르면 잘못된 가정을 함으로써 잘못된 결론에 도달하는 것을 볼 수 있었다. 그리고 놀랍지 않게도, 4·15 총선 때에도 전문가들이 비슷한 오류를 저지른 것—사전/본 투표 간 유권자 성향이 다를 이유가 없다고 가정하는 것—을 일부 전문가들을 통해 확인할 수 있었다.

다만 이 지면을 빌려 한 가지 지적하고 싶은 것은, 〈더 플랜〉의 경우 특정 결과가 나올 확률이 매우 낮다는 전문가의 주장을 자신들의 주장을 뒷받침하는 것으로 악용했는데, 원래 어떤 숫자든 나올 확률은 매우 낮다. 이를테면 어떤 사람을 무작위로 골랐을 때, 그 키가 약 175센티미터일 확률은 매우 낮다. 그러나 그런 사람들은 실제로 존재하며, 실제로 그런 사람을 보았다면 키가 175센티미터라고 생각하면 된다. 해당 전문가의 발언은 그런 취지였음에도 불구하고 〈더 플랜〉 측은 이를 교묘하게 편집하여 자신들의 주장을 지지하는 것으로 윤색했다는 것 또한 특기할 만한 지점이다.

진영 논리의 유일한 예외는 진영 자체

진영 논리 자체는 진영을 가리지 않고 작용한다는 사실은 참으로 아이러니하다. 어찌 보면 세상에 몇 안 되는 공평함(?)

같은 것처럼 보이기도 한다. 좌우를 가리지 않고 누구나 공평하게 진영 논리에 '감염'될 수 있다니 말이다. 뒤집어 말하면, 스스로 정의롭다고 생각할수록 진영 논리에 빠져 있지 않은지 돌아봐야 한다는 말도 된다. 사실 스스로가 정의롭다는 생각 자체가 진영 논리의 가장 중요한 불쏘시개이기도 할 테니 말이다. 진영론자들은 모든 것을 진영의 렌즈로 바라보지만, 정작 진영론적 오류 자체는 진영을 가리지 않고 작용한다. 이 사실에서 자유롭다고 생각하는 것 자체가 오류라는 것을 바로 볼 수 있어야 하겠다.

9.

코로나바이러스, 사실 인플루엔자와 똑같다?

말 그대로 '사람 죽이는' 가짜뉴스

때로 가짜뉴스는 최악의 피해를 낳곤 한다. 바로 죽음이라는 형태로 말이다. 가짜뉴스는 실제로 사람을 죽일 수 있다. 이것은 2020년 현재 지구를 강타한 팬데믹pandemic, 즉 코로나바이러스감염증-19COVID-19가 유행하는 상황에서 여실히 증명되고 있다. 가짜뉴스로 인해 코로나바이러스에 감염되어 숨진 사람의 수를 정확히 알 수는 없지만, 일각에서는 추정치를 내놓았다. 《동아사이언스》 지의 2020년 8월 13일 기사[1]에 의하면, 코로나19 관련 가짜뉴스로 인해 1월에서 3월 사이 전 세계에서 800명이 숨진 것으로 추정된다고 한다. 그런데 이것은 바이러스가 본격적으로 대유행하기도 전의 일이니, 그 이후에 가짜뉴스로 인해 대비를 소홀히 하다가 감염되어 사망한 사람의 수는 훨씬 더 많을 것으로 추측할 수 있다.

구체적 사례들도 속속 보고되고 있다. 지난 2020년 8월 24일 영국의 언론 BBC의 보도[2]에 따르면, 미국 플로리다주에 거주하던 택시 운전사 브라이언 리 히친스Brian Lee Hitchens와 그의 아내 에린Erin은 코로나바이러스 같은 것은 사실 존재하지 않으며, 따라서 방역 수칙은 지킬 필요가 없다는 주장을 소셜미디어에서 접하고 실천에 옮겼다. 그러다 2020년 5월, 부부는 모두 바이러스에 감염되었고, 남편은 회복되었지만 아내는 영영 일어나지 못했다. 특히 아내는 이전부터 천식, 수면장애 등에 시달려왔다고 한다. 아내가 세상을 떠나고 나서야 남편은 후회했지만 늦은 일이었다. 이들이 접한 가짜뉴스 중에는 심지어 코로나바이러스가 최근 등장한 5G 통신 기술과 연관이 있다는 주장도 있었다. 실제로 영국에서는 이로 인해 5G 기지국이 음모론 신봉자들에 의해 습격당하기도 했다.

이보다 앞선 4월 23일에도 비슷한 사례가 보고되었다. 미국의 언론[3]에 따르면, 미국 오하이오주에 거주하던 존 맥대니얼John McDaniel은 팬데믹에 대항하여 정부가 내놓은 조치들, 이를테면 셧다운과 집에 머무르라는 지시("stay-at-home") 등이 지나치며 편집증적이라는 글을 올려 화제가 되었다. 아이러니하게도, 그 자신이 이후 코로나바이러스에 감염되어 사망에 이르렀다. 가족인 리사 맥대니얼Lisa McDaniel은 그의 사후 "만약 존이 여기 있었다면, 전 국가적 위기가 사실이었고, 집에 머무르라는 명령에 따랐을 것이며, 친지와 가족들에게도 그렇게 하라고 권했을 것입니다."라고 밝히기도 했다.

사실 가짜뉴스가 사람들의 생명을 직접 위협한 것은 이번이 처음이 아니다. 우리는 이미 홍역백신이 자폐증을 유발한다는 주장이 얼마나 많은 이들에게 백신 접종의 기회를 앗아갔는지 잘 알고 있다. 이 주장이 처음 제기된 것은 동료평가peer-review가 이루어진 학술지에 게재된 논문을 통해서였지만, 해당 논문은 지난 2010년, 게재 12년 만에 학술지에서 철회되면서 그 권위를 완전히 상실했다.[4]

논문 저자가 데이터를 조작했다는 주장도 제기되었다. 그러나 이는 이미 백신 반대론자들이 자신들의 주장에 유리하게 논문을 해석하기 시작한 뒤였다. 너무 늦은 것이다. 영국의 홍역백신 접종률은 이후 하락하기 시작하여, 1996년에 92퍼센트이던 접종률이 2002년에는 84퍼센트로 떨어졌다. 이 백신 거부 운동이 사회에 끼친 해악을 정확히 계량하는 것은 어렵지만, 전문가들은 각국에서 벌어진 홍역 집단 발병 사태가 백신 거부 운동으로 인한 것으로 보고 있다. 그리고 그 경제적 피해는 당시 화폐 가치로 수백만 달러에 달할 것으로 추정된다고 한다.[5]

국내에도 비슷한 사례가 있었다. 모 한의사에 의해 시작된 '약 안 쓰고 아이 키우기 운동', 소위 '안아키'는 각지에서 피해자를 양산했다. 약을 쓰지 않고 예방접종도 물론 거부하며, 병에 걸리면 자연 치유력으로 병을 낫게 한다던 이 운동은 숱한 피해자를 낳았다. 각지에서 안아키의 치료법을 따르던 부모들이 자녀들의 끔찍하게 변해버린 모습을 공유하면서 안아키의 실체는 만천하게 드러났고, 결국 이 운동을 주도하던 한의사는 긴 법정 공방 끝에 집행유예형을 선고받고 의사 면허를 박탈당했다. 안아키의 경우에도 회원들끼리 정보를 주고받는 인터넷 카페, 즉 일종의 필터버블이 형성되어 그들만의 신념 체계가 형성되었다는 것이 알려지기도 했다. 한때 수만 명의 회원 수를 자랑하던 이 카페는 지금 어떻게 되었는지 알 수 없다.

이처럼 가짜뉴스는 정치적 극화, 폭력 사태에만 그치지 않는다. 그것은 수많은 사람들의 생존 자체를 위협하고 있다. 특히 소셜미디어의 보급과 팬데믹이라는 특수한 상황과 맞물려, 가짜뉴스가 생명에 직접 끼치는 해악은 날이 갈수록 커지고 있다.

코로나바이러스에 관한 가짜뉴스들

코로나바이러스에 관한 가짜뉴스들의 생산 및 전파에 결정적인 역할을 한 것은 단연 소셜미디어였다. 앞에서 소개한 사례들의 주인공들도 주로 소셜미디어에서 잘못된 정보를 접한 것으로 알려져 있다. 앞서 언급했다시피, 소셜미디어는 비슷한 사람들끼리 모여서 비슷한 정보만을 공유하는 '필터버블'을 형성하고, 사람들이 그 안에 갇히게 함으로써 편향된 생각을 지니게 유도한다고 알려져 있다. 질병과 백신에 대해 잘못된 정보를 공유하는 사람들도 이런 필터버블을 형성하고, 의학에 대한 그릇된 정보를 생산, 전파하는 역할을 한다.

최근 넷플릭스에서 개봉된 다큐멘터리 영화 〈소셜 딜레마

The social dilemma〉는 이런 현실을 적나라하게 보여준다. 이 영화는 소셜미디어 또는 거대 기술 중심 회사, 또는 소위 '테크 회사tech company'에 재직했던 전직 고위 간부들을 인터뷰하여, 소셜미디어가 사람들을 빠지게 하려고 어떤 전략을 사용하는지 폭로했다. 또 소셜미디어에 과몰입하여 필터버블에 빠진 가상의 주인공이 어떻게 점점 극화된 의견을 갖게 되고, 결국 현실 세계에서의 극단주의에 빠지게 되어 파멸하는지, 그 과정을 묘사하기도 했다. 이 영화는 개봉 이후 상당한 관심을 모았으며, 한 거대 소셜미디어 업체는 이 영화에 대해 성명서를 내 반박하기도 할 정도로 주목의 대상이 되었다.

코로나바이러스 관련 가짜뉴스의 진원지 중 하나로 지적된 계정으로, 영국 더들리에 거주하는 조니 웹스터Johnny Webster의 것이 있었다. 이 사람이 지난 8월 31일에 게시한 글[6]은 첫 문장부터 바로 "코로나바이러스라는 거짓말The CoVid LIE"이라는 표현으로 시작한다. 그러면서 그다음 단락에서는 이미 50퍼센트의 사람들이 정부의 록다운 조치를 무시하고 있으며, 정부가 그런 사람들에 대해 할 수 있는 것은 아무것도 없다고 주장했다. 방역 조치를 공개적으로 무시하고 깎아내린 것이다. 그러면서 코로나바이러스는 매년 찾아오던 인플루엔자와 사실 같은 것인데, 정부에서 유난히 호들갑을 떨면서 특별한 것인 양 그 위협을 과장한다고 주장했다. 사실 코로나바이러스는 존재하지 않는다는 것이다. 보건 관련 음모론의 단골 소재인, 백신이 위험하다는 주장도 약방의 감초처럼 빠지지 않았다. 이 글은 이미 200회에 가까운 반응을 얻었고, 역시 200회 정도 공유되었다. 그중 상당수는 아마 글쓴이를 비난하는 논조였을 것으로 추측되지만 말이다. 현재 이 포스팅은 조회는 가능하지만, "독립적인 팩트체크 기관에서 확인"되었다는 이유로 페이스북 측에 의해 '거짓 정보'로 분류된 상태다(최근 페이스북은 가짜뉴스의 탐지 및 레이블링에 상당한 노력을 투자하는 것으로 보인다). 이 계정은 특히 로이터통신의 주목을 받았는데, 2020년 9월 10일 이 언론사는 '팩트체크: COVID-19를 유발하는 바이러스는 존재하며, 검사할 수 있고, 인플루엔자와 같지 않다Fact check: The virus that causes COVID-19 exists, can be tested for and is not the flu'라는 제목의 기사[7]를 실어 이 사람의 주장을 조목조목 반박하기에 이르렀다.

페이스북만이 이런 주장의 진원지인 것은 물론 아니다. 《의학적 인터넷 연구지Journal of Medical Internet Research, JMIR》에 2020년 6월 5일 게재된 한 연구[8]의 제목은 'COVID-19

와 5G 음모론: 트위터 자료의 소셜 네트워크 연구COVID-19 and the 5G Conspiracy Theory: Social Network Analysis of Twitter Data'였다. 논문 저자들은 소셜미디어에서 5G 음모론이 어떻게 전파되는지 양상을 파악하려고 2020년 3월 27일부터 4월 4일까지 '#5GCoronavirus'라는 태그를 단 트위터상의 트윗들을 모아 분석했다. 이는 영국에서 지난 2020년 4월 5G 통신 음모론과 관련하여 크게 유행한 해시태그였다고 한다. 분석 결과, 멘션mention(다른 유저를 특정하여 트윗하는 것), 리트윗retweet(남이 한 트윗을 그대로 퍼 나르는 것), 답글 등을 포함하여 총 1만 개가 넘는 트윗이 취합되었고, 이 중 2,000개가 조금 넘는 개수가 원 트윗(멘션, 리트윗, 답글 등이 아닌)이었다고 한다. 연구자들이 이 중 200개 남짓의 표본을 뽑아 분석해본 결과, 약 3분의 1가량이 5G 네트워크와 코로나바이러스 간에 관련이 있다고 주장하는 내용이었고, 3분의 1가량은 음모론을 비난하는 내용이었으며, 3분의 1가량은 중립적인 내용이었다고 한다. 하지만 연구진은 음모론을 비난한 트윗의 경우에도 음모론을 의도치 않게 퍼뜨리는 효과가 있을 수 있다며, 주의해야 한다고 당부했다. 또 이들이 퍼 나르는 음모론 관련 주장들은 대개 음모론을 전문으로 퍼뜨리는 웹사이트 링크 등을 통해 전파된다는 것도 알아냈다. 마지막으로 연구진이 주목한 것은, 이 소셜 네트워크들 가운데 잘못된 정보와 맞서 싸우는 전문가 인플루언서가 없었다는, 다소 슬픈 소식이었다.

물론 이 밖에도 오프라인 또는 소셜미디어가 아닌 수단, 예를 들어 메신저나 문자 메시지, 심지어는 일반적인 전화 통화 등을 통해 가짜뉴스가 전파된 사례도 있을 것이다. 그러나 소셜미디어가 가짜뉴스의 전파에 있어서 중요한 역할을 차지한다는 것을 부정하기는 쉽지 않아 보인다.

태극기 집회, 공권력을 막은 음모론

팬데믹 관련 가짜뉴스는 비단 해외에만 국한된 것은 물론 아니다. 한국인이라면 팬데믹 사태와 관련하여 특히 기억에 뚜렷이 남을 사례가 하나 있을 것이다. 바로 '광복절 태극기 집회' 사건이다. 온 나라가 팬데믹의 고통에 시달리며 강력한 사회적 거리두기 및 각종 시설 운영 중단을 감내하고 있을 때, 일부 극단적 보수 성향의 사람들이 반정부 시위를 벌이려고 광화문에 모여들었다. 이들 중 상당수는 팬데믹의 위험에도 불구하고 지방에서 버스를 빌려 상경하여 집회에 참석했다. 나중의 이야기지만, 충청북도 전세버스 운송조합은 개천절에 다시 계획된 태극기 집회와 관련하여 승객을 거부하겠다고 선언하기도 했다.

집회 참여자들은 대부분 마스크를 쓰지 않고 음식을 나눠 먹는 등 방역 수칙을 보란 듯이 어기는 행태를 보였다. 그리고 예상할 수 있다시피, 이는 확진자의 대량 증가로 이어졌다. 연합뉴스의 2020년 9월 4일 보도[9]에 따르면, 방역 당국은 이 집회 관련 확진자가 최소 473명 확인되었다고 발표했다. 숨은 확진자까지 합치면 이 숫자보다 많을 것으로 추측된다. 이 사태로 인해 집회 주최 측은 많은 국민에게 거센 비난을 받았다.

그리고 그 중심에는 일부 종교인들이 있었다. 이들은 정부의 방역 정책을 정면으로 비난하면서, 집회 자제를 촉구하는 정부 정책을 노골적으로 비난했다. 그들 중 주도 세력은 마스크 착용 지시를 노골적으로 무시하기도 했다. 그 결과, 본인들도 코로나바이러스에 걸려 입원하는 사태로 이어졌다. 다행히 사망자가 나오지는 않았지만, 집회 참가자 상당수가 고령이었음을 감안하면 정말 위험천만한 일이 아닐 수 없었다. 이들은 오히려 누군가가 자신들에게 코로나바이러스 테러를 의도적으로 가했다는 가짜뉴스를 덧붙여 생산하기도 했다.

문제는 이들 사이에 정부 방역 시책이 일종의 종교적 탄압으로 인식되고 있다는 것이다. 물론 이런 주장에는 아무런 근거가 없다. 방역 당국에서 이들 종교인을 가려 차별하여 얻을 수 있는 방역상의 실익은 전혀 없기 때문이다. 광복절 집회 직후, 해당 교회의 신도 명단을 확보하기 위해 경찰이 압수수색을 시도했으나 신도들은 이를 '방역 공안 통치'라고 이름 붙이며 거세게 저항했고, 결국 경찰은 명단을 확보할 수 없었다.[10] 정부에 대한 음모론적 인식이 정당한 공권력 집행마저 가로막은 것이다.

전문가 불신 문화와 가짜뉴스

마지막으로 전문가 신뢰에 관해 짧게 언급하고 이 장을 마치려 한다. 팬데믹 관련 가짜뉴스의 기저에는 전문가와 방역 당국에 대한 깊은 불신의 문화가 자리 잡은 것으로 보인다. 사실 전문가 불신의 문제는 한국보다는 미국 등 해외에서 더 오랫동안 인식되어왔고, 심각하게 받아들여지고 있다. 특히 미국의 경우, 대중의 전문가(더 넓게는 엘리트 일반)에 대한 불신 문화는 매우 심각한 상황이다. 여기서 자세하게 이야기하지는 않겠지만, 사실 미국의 전문가 불신 문제는 그 뿌리가 깊다. 이와 관련하여, 미국의 국제관계 전문가이자 교수인 톰 니컬스Tom Nichols는 《전문성의 죽음The Death of Expertise》이라는 책을 출간해 인기를 끌었다. 니컬스 교수는 한 인터뷰에서 "나도 너만큼 똑똑하고, 내 의견은 네 의견과 동등한 가치를 갖고 있어I'm as smart as you, my opinion is equal to yours."라는 말로 전문가 불신 현상을 요약하기도 했다. 이런 현상이 대중의 코로나 관련 음모론 신봉에 기여했다고 보는 것은 자연스러운 연결이다. 실제로 니컬스 교수는 2020년 7월 25일 미국의 한 유력 언론 《유에스에이 투데이USA Today》에 기고한 글[11]에서 관련 언급을 하기도 했다. 그리고 필자가 이 글을 쓰고 있는 2020년의 어느 날, 미국 뉴스에서는 현직 대통령이 상대 후보가 "당선되면 과학자들 말을 들을 것"이라며 '경계'하는 언급을 했다. 귀를 의심할 일이다. 과학자들의 이야기를 들을 것이라는 말이 그를 뽑지 말아야 할 이유가 된다고 생각하다니! 하지만 그는 진지하게 말한 것 같다. 상대 후보가 "네, 저는 당선되면 과학자들 말을 들을 겁니다."라고 화답한 것은 실로 화룡점정이었다. 현재 미국의 방역을 어렵게 진두지휘하고 있는 앤서니 파우치Anthony Fauci 박사는 수시로 대통령에게서 모욕적 언사를 들으며, 언제 닥쳐올지 모르는 테러의 위협 때문에 개인 경호를 받아야 하는 처지에 놓여 있다. 한국의 질병관리청장이 대통령에게 이런 대접을 받는다고 상상해보자. 믿어지는가?

전문가 견해와 관련된 이야기는 뒤에서 좀 더 자세히 할 기회가 있을 것이다. 한 가지만 언급하고 싶은 것은, 전문가가 자신의 전문 분야에 대해 표현하는 견해는 기본적으로 존중받아야 한다는 것이다. 나중에 살펴보겠지만, 이것이 그 견해에 대해 절대적 신뢰를 보내야 한다는 말은 아니다. 그러나 동시에 그 견해는 현재 우리에게 주어진 최선의 견해이기도 하다는 점을 잊어서는 안 될 것이다. 건강한 비판적 사고와 함께, 전문가 견해를 존중하고 받아들이는 자세가 진영 논리와 가짜뉴스의 전파를 막는 데 큰 도움이 될 수 있다.

10.

독감백신, 사망에 이르게 한다?

국내에도 상륙할 뻔한 백신 음모론

이 장에서 소개할 사례는 정확히 말하자면 가짜뉴스라고 분류하기는 다소 애매할지도 모른다. 그도 그럴 것이, 가짜뉴스가 될 뻔했다가 다수의 관련 전문가들에 의해 반박되고 주춤해졌기 때문이다. 사실 이 책을 처음 기획할 때는 차례에 들어 있지도 않았는데, 마침 국내에서 시의적절하게(?) 발생한 사례이기 때문에 이 책에 싣기로 했다. 이 사례를 통해, 자극적 언론 보도에 성급하게 반응하지 않고 차분하게 정확한 정보가 나올 때까지 기다리는 것이 왜 중요한지 소개하고자 한다. 앞 장에서 이야기한 코로나바이러스 사태와도 꽤 닮은 점들이 있다.

발단은 다음과 같다. 정은경 질병관리청장은 2020년 10월 19일 브리핑에서 14일 독감 무료 백신을 맞은 17세 남성이 16일 오전에 사망한 것으로 신고되었다고 발표했다.[1] 이 사건은 같은 날 언론 보도 등을 통해 대서특필되었다. 예를 들어 JTBC의 〈뉴스룸〉에서는 이 사건을 첫 꼭지로 보도했다. 이후 백신과 사망 간의 관계에 관한 관심이 높아지면서, 비슷하게 백신을 접종한 후 사망한 사례들이 연달아 보도되기 시작했다. 같은 주 주말 즈음에는 백신을 맞은 후 사망한 사람의 수가 수십 명에 달한다는 주장이 제기되면서, 소셜미디어 등을 통해 백신에 문제가 있다는 주장이 급속도로 확산되었다. 이에 대해 방역 당국에서는 접종을 중단할 단계는 아니라고 발표했지만, 백신에 대한 불신은 상당히 빠른 속도로 퍼져나갔다.

이 사건은 자칫 국내에서도 백신 음모론이 활성화되는 계기가 될 뻔했지만, 다행히 곧 진정 국면으로 접어들었다. 그 과정에서 무슨 일이 있었는지 자세히 들여다보자. 그 전에 한 가지 짚고 넘어가야 할 중요한 개념이 있으니, 그것은 바로 '통계적 상관'이다. 조금 어려울 수도 있지만 찬찬히 짚어보자.

상관을 인과로 보는 착시

통계학을 어느 정도 공부한 사람이라면, 특히 인과 추론에 대해 접해본 사람이라면 들어봤을 격언이 하나 있다. 그것은 바로 "상관은 인과를 의미하지 않는다."라는 말이다. 이 말이 무슨 뜻인지 이해하려면 약간의 설명이 필요하다.

앞에서 잠깐 언급했지만, 통계학에서 상관은 어떤 두 현상이 있을 때 그것들이 같은 방향 또는 반대 방향으로 함께 움직이는 경향성을 일컫는다. 여기서 '경향'이라는 단어를 쓴 것에 주목하자. 상관은 한 변수가 증가 또는 감소할 때 다른 변수가 꼭 증가 또는 감소한다는 의미가 아니라, 어느 정도 예외는 존재할 수 있지만 '대체로' 같은/반대 방향으로 움직인다는 뜻이다. 이럴 때 두 변수 사이에는 상관이 존재한다고 한다. 물론 그 강도에는 차이가 있을 수 있겠지만 말이다. 이를테면 겨울에 날씨가 추울수록 가구당 난방비가 증가할 것이다. 여기서 '겨울 기온'과 '난방비'는 하나가 감소하면 하나가 증가하는 관계에 있다. 이를 '부적 상관negative correlation'이라고 부른다. 여름에는 기온이 오를수록 아이스크림 판매량이 증가하는데, 여기서는 하나가 증가하면 다른 하나도 증가하는 관계가 있다. 이것을 '정적 상관positive correlation'이라고 부른다. 상관은 정적/부적 상관의 두 종류가 있는데, 여기서는 구분 없이 그냥 상관이라고 부르기로 하자. 앞서 말했듯이 상관에는 예외가 존재할 수도 있다. 즉 날씨가 추워져도 난방비가 오히려 감소하는 집이 있을 수 있고, 더워져도 아이스크림 판매량이 감소하는 가게가 있을 수 있다. 전자는 가계소득이 줄거나 끊겨서 그럴 수 있고, 후자는 관광지에 있는 가게인데 인근에 갑자기 범죄 발생량이 늘어서 그랬을 수 있다. 하지만 전국적으로 보면 대체로 그런 경향이 발견된다는 것이다. 이게 상관이 의미하는 것이다.

그런데 이 예시들에서는 두 변수 간에 상관관계뿐 아니라 직접적 인과관계도 있다. 그러니까 겨울의 추운 날씨는 난방비를 상승시키는 '원인'이라고 말할 수 있고, 여름 기온의 상승은 아이스크림 판매량을 상승시키는 '원인'이라고 할 수 있다. 그런데 모든 상관관계가 이렇게 직접적인 인과관계로 인해 생겨나는 것은 아니다. 즉 현실 세계에는 인과관계가 불분명한 상관관계가 굉장히 많이 존재한다. 사실 인과가 명

확한 경우보다 그렇지 않은 경우가 더 흔하다고 해야 할 것이다. 예를 들어 좀 진부한 예시일 수는 있지만, 여름철 물놀이 사고 건수와 아이스크림 판매량 사이에는 정적 상관이 있다. 즉 아이스크림 판매량이 늘수록 물놀이 사고 건수도 늘어난다. 그런데 둘 중 하나가 다른 하나의 원인일 리는 없다. 그럼 둘 사이에 왜 상관이 존재하는 것일까? 그것은 제3의, '공통의 원인common cause'이 존재하기 때문이다. 그리고 그 공통의 원인은 당연히 '더운 날씨'다. 날씨가 더울수록 사람들은 아이스크림도 많이 사 먹지만 물놀이도 많이 갈 것이고, 그럴수록 수중 사고도 많이 날 것이다. 그 결과 둘 사이에 상관이 관찰되지만, 서로가 서로의 원인은 아닌 것이다.

일반적으로, 두 사회적 현상 사이에 상관이 관찰되거나 시간적으로 가깝다고 해서 인과를 바로 도출할 수 있는 경우는 극히 드물며, 구체적 기제에 대한 납득할 만한 설명 없이는 인과관계를 함부로 추론하지 않는 것이 원칙이다. 담배가 폐암을 유발한다는 주장에 대해서도 이 원칙이 적용되었기 때문에(그리고 실험군과 대조군으로 나누어 실험할 수 없었기 때문에), 둘 사이에 인과가 인정되는 데 매우 오랜 시간이 걸렸다.

그런데 상관으로부터 인과를 추론해내는 욕망을 억제하

기는 매우 어렵다. 심리학자들은 흔히 인간은 타고난 스토리텔러라고 말하곤 한다. 사실은 서로 관련이 없는 대상들 사이에 관련이 있다고 믿고, 그것이 왜 그렇게 될 수밖에 없는지 설명을 자꾸 창조해내는 습관이 있다는 것이다. 뒤집어 생각해보면, 인간에게 이런 성향이 있기에 세상에 대한 지식을 쌓을 수 있었을 것이다. 현상에 대해 그럴듯한 이론을 만들고, 가설을 세우고, 실험을 통해 그것들을 검증하며 쌓여온 것이 과학적 지식 체계다. 이런 점에서 상관으로부터 인과를 추론해내는 능력은 적절하게 사용된다면 새로운 지식을 발견하는 좋은 결과를 낳을 수 있다.

문제는 이런 성향을 과도하게 발휘하여, 인과관계가 없는 대상에까지 적용한다는 것이다. 통계적 표현을 빌리자면, 인간은 현상에 존재하는 '잡음'에 질서를 부여하는 습관이 있다는 것이다. 이 습관이 적절히 통제되지 않으면, 인간은 자신이 믿고자 하는 어떤 스토리라도 자료에 의해 뒷받침되는 것으로 간주하게 된다. 마음이 '과적합'되는 것이다. 음모론과 가짜뉴스에 빠져들 위험이 여기서부터 생겨난다.

시간적 근접성과 가짜 상관

독감백신으로 돌아가서, 사람들이 본 것은 백신을 맞은 뒤 사람이 갑자기 죽는 현상이었다. 즉 '상관'을 발견한 것이다. 여기서 놀라운 상상력을 동원하여 백신과 죽음 사이에 어떤 연결 고리를 만드는 것은 그리 어려운 일이 아니다. 어떤 실수나 잘못된 처리로 백신에 독성 물질이 들어 있다고 가정하기만 하면 된다. 그전에 있었던 '콜드체인cold chain'의 붕괴, 즉 일부 백신이 저온에서 보관되지 않았다는 사실은 이런 상상력을 더욱 부추기는 역할을 했다.

결론부터 말하자면, 둘 사이에 인과적 관계가 있을 가능성은 극히 낮다. 왜냐하면 백신 접종과 사망 사이에 발견되는 시간적 근접성을 훨씬 더 잘, 간결하게 설명할 방법이 있기 때문이다. 그것은 심리학에서 말하는 '기저율base rate'을 생각하는 것이다. 이걸 이해하기 위해 다음을 생각해보자. 백신과 무관하게 갑자기, 별다른 원인 없이 사망한 사람들이 있을 때, 그 사람이 마지막으로 먹은 식사에 쌀이 포함되어 있었을 확률이 얼마일까? 다시 말해, 그 사망자들이 마지막으로 빵이나 국수가 아닌 밥을 먹고 사망했을 확률은 얼마일까? 요즘 들어 식생활에 많은 변화가 있다고는 하지만, 아직도 한국인의 식생활에서 '밥'이 차지하는 비중은 꽤 높다. 그러니까 사망자가 쌀을 마지막으로 먹었을 확률은 상당히 높다. 그런데 그런 이유로 그날 먹은 밥을 돌연사의 원인으로 지목하는 것은 말이 안 된다. 뭔가 다른 이유가 있으리라 추측하는 것이 더 자연스러울 것이다. 여기서 쌀을 사인으로 지목하기 힘든 것은 두 가지 이유인데, 첫째, 쌀을 먹은 것과 사망 사이에는 상관이 발견되었을 뿐 구체적인 인과적 관계가 규명되지 않았다. 둘째, 쌀을 먹는다는 사건은 애초에 매우 흔히 일어나는 사건이다. 이럴 때 우리는 쌀을 먹는 사건의 '기저율'이 높다고 이야기한다. 기저율이 높은 사건은 다른 사건과 시간적으로 인접해도 그 사건의 원인이 아닐 가능성이 크다. 극단적인 경우, 기저율이 100퍼센트인 사건, 이를테면 '숨을 쉬고 있었다' 같은 경우, 사망이라는 사건과 아무리 근접해 있어도 사망의 원인이 될 수 없다.

그런데 백신 접종의 기저율은 얼마일까? 통계에 의하면 전체 평균은 37.1퍼센트이고, 고연령층에서는 80퍼센트를 상회하는 높은 기저율을 보인다.[2] 그런데 독감백신 접종 후 사망자의 분포를 보면 고연령층이 다수를 차지했다. 10월 24일의 한 보도를 보면, 보고된 48건의 백신 접종 후 사망자 중 70

대가 22명, 80대가 16명으로 70대 이상이 무려 38명을 차지한다. 여기서 고연령층의 높은 백신 접종률을 고려할 때, 단순한 시간적 인접성만으로 이들의 사망 원인이 백신이라고 주장하는 것은 사망 원인이 마지막으로 먹은 쌀이라고 주장하는 것과 크게 다르지 않다. 실제로 사망자들을 부검해본 결과, 백신이 직접적 사인이라고 볼 수 있는 경우는 보고되지 않았다.[3]

덧붙여 최초 보고된 17세 남성의 경우, 경찰은 10월 27일 발표를 통해 사망자가 독극물인 아질산염을 구입한 것, 그리고 국과수 부검 결과 실제로 몸에서 아질산염이 검출된 것을 발표했다. 자살이든 타살이든, 독감백신이 직접적 사인일 가능성은 희박해진 것이다.

정리하면, 독감백신과 사망 사이에 관련이 있다는 의혹은 백신 접종률이 애초에 매우 높아서 생긴, 상관을 인과로 착각한 일종의 해프닝이었다. 그럼에도 불구하고 일각에서는 이를 인과로 해석하여 음모론을 제기하며, 백신 접종을 미루거나 중단해야 한다고 주장했다. 그러나 독감으로 인한 사망자가 연간 3,000명에 이른다는 통계에 비추어볼 때, 특별한 근거 없이 접종을 중단하거나 미루는 것은 큰 피해로 이어질 수

있다는 점을 무시해서는 안 될 것이다.[4]

인지적 편향 부추기는 언론

하지만 언론의 이 사건에 관한 초기 보도 행태는 의문스러웠다. 많은 언론 매체가 독감백신 접종률이 사망자가 주로 발생한 노령층에서 특히 높았다는 사실, 그리고 상관이 인과를 반드시 의미하는 것은 아니라는 것 등을 언급하기보다는, 사망자가 발생할 때마다 속보로 보도하는 것에 초점을 맞추었다. 그리고 그 과정에서 '독감백신 사망자 ……명으로 늘어……'와 같은 선정적 제목을 붙였다. 일부 언론은 한 걸음 더 나아가, "공포가 된 독감백신" 같은 표현을 사용하기도 했다.[5]

이를 본 독자들이 독감백신에 대해 어떤 인상을 받았을지는 상상에 맡긴다. 이런 보도 행태는 인지심리학에서 말하는 크게 두 가지 인지적 편향을 부추긴다.

첫째, 앞서 말한 기저율과 상관이 있다. 인지심리학 연구에 따르면, 인간이 기저율을 무시하는 것은 매우 일반적인 현상이어서 이를 일컫는 학술용어까지 존재한다. 이를 '기저율 무시base rate neglect'라고 부른다. 예를 들어 다음과 같은 사람이 있다고 생각해보자.

"철수는 남들과 만나는 것을 썩 좋아하지 않고, 집에서 시간을 보내는 것을 좋아한다. 취미는 독서와 컴퓨터 게임이고, 이성 앞에서는 부끄러움을 많이 타는 타입이다. 말수가 적은 편이다".

이 사람의 직업을 추측하는데, 공장에서 일하는 노동자 아니면 시인이라고 한다. 철수의 직업은 둘 중 어느 것일까? 당신이 다른 여느 사람들과 비슷하다면, 아마 공장노동자보다는 시인일 가능성이 크다고 생각했을 것이다. 그러나 한 가지 유념해야 할 것은, 애초에 시인보다 공장노동자 수가 압도적으로 많다는 것이다. 그래서 적어도 당신이 처음에 생각했던 것보다는 이 사람이 공장노동자일 가능성을 좀 높여 잡는 것이 맞을 것이다. 좀 더 설명을 덧붙이자면, 전국에 공장노동자가 100만 명, 시인이 1,000명 있다고 해보자. 그리고 공장노동자 중 적게 잡아 1퍼센트, 시인 중 80퍼센트가 저런 성격을 지니고 있다고 쳐보자. 그러면 위의 설명에 부합하는 공장노동자가 1만 명, 시인이 800명 있다. 여전히 공장노동자의 수가 압도적으로 많다. 설령 공장노동자 중 0.1퍼센트만이 저런 성격을 지니고 있다고 해도 여전히 1,000명 대 800명이다. 공장노동자일 가능성이 더 크다. 실험 결과들에 따르면, 사람들은 대부분 이런 정보를 무시하고 철수가 시인이라고 답한다는 것이다. 기저율 무시는 이런 현상을 일컫는 말이다. 이와 관련하여, 일부 언론의 보도는 사망의 원인으로 지목된 백신 접종의 기저율은 언급하지 않고 사망이라는 사건만 자극적으로 조명함으로써, 사람들로 하여금 기저율을 적극적으로 무시하게 하는 역할을 한다.

둘째, 선정적 언론 보도는 '가용성 휴리스틱'을 조장한다. 사람들은 어떤 사건이나 사물의 빈도에 관해 판단할 때, 전체 중에서의 비율을 직접 판단하기보다는 그것이 마음에 얼마나 쉽게 떠오르는지를 갖고 판단한다. 앞서 수차례 언급한 대니얼 카너먼과 에이모스 트버스키가 1970년대에 수행한 연구[6]에서는, 미국인들에게 알파벳 'r'로 시작하는 단어가 많을지, 'r'이 세 번째에 위치하는 단어가 많을지 물어봤다. 그러니까 run, rain 같은 단어가 많을지, corn, perfect 같은 단어가 많을지 물어봤다는 말이다. 사실 r이 철자 순서상 세 번째로 오는 단어를 떠올리는 것은 r로 시작하는 단어를 떠올리는 것보다 인지적 노력을 더 필요로 한다. 쉽게 말해 더 힘들다는 것이다. 그래서 사람들은 쉽게 떠올릴 수 있었던, 'r'로 시작하는 단어가 더 많을 것이라고 예상했다. 그러나 통계에 의하면, 실제로는 세 번째에 r이 오는 단어가 r로 시작하는 단어보다 세 배나 더 많다고 한다. 놀라운 일인데, 문제는 미국인들이 r이 세 번째에 오는 단어를 생활 속에서 숨 쉬듯 사용하고 있을 것이라는 점이다. 그런데도 실험 참가자들은 이 사실을 몰랐다.

그런데 쉽게 떠오르는 기억을 형성하는 좋은 방법 가운데 하나는 생생하고 충격적인 기억을 만드는 것이다. 즉 '선명한' 기억이 더 잘 회상된다. 이는 가용성 휴리스틱의 한 원인이 된다. 이를 따로 '현저성 효과vividness effect'라고 부르기도 한다. 자극적인 언론 보도는 매우 생생한 기억을 독자들에게 심어주고, 이는 잠재적으로 빠르고 쉽게 인출되는 기억을 만들어서, 사람들에게 그런 사건이 실제보다 훨씬 흔한 것으로 인식하게 할 가능성이 있다. 앞서 이야기한 기저율 무시 편향과 결합할 수도 있다.

이처럼 선정적 언론 보도는 인지적 편향을 부추김으로써, 백신과 사망 간 연관관계가 실존하며, 상당히 굳건한 것처럼 보이게 하는 효과를 낳는다. 그리고 그 결과는 방역망 약화,

나아가 독감 환자 증가로 이어질 수 있다. 따라서 책임감 있는 보도 행태가 요구됨에도, 일부 언론들은 자극적인 보도를 이어나갔는데, 이는 우려스러운 일이다.

'썰'의 홍수에서 올바른 견해를 찾는 법

일반인의 입장에서는 이런 상황에서 어떻게 행동해야 하는지 혼란스러울 수 있다. 이럴 때 가장 중요한 것은 언론의 속보 경쟁에 흔들리지 말고, 전문가들이 설득력 있는 해석과 행동 지침을 내놓을 때까지 기다리는 것이다. 물론 방역 당국의 말에 귀 기울이는 태도도 필요하다. 애초에 독감과 백신 간 연관성이 처음 의심되었을 때부터 방역 당국에서는 백신에 대해 염려할 필요가 없다고 발표했다. 여기서 또 한 가지 주의할 점은 전문가들을 직접 겨냥한 음모론에 휘말리지 않는 것이다. 일부 음모론자들은 전문가들은 정권과 결탁하여, 또는 자신들의 이익을 위해 거대한 거짓말을 하고 있다고 주장하기도 한다. 재미있는 소설 또는 안줏거리긴 하지만, 이런 말을 진지하게 믿어서는 곤란하다. 그리고 이런 주장에는 대개 물증이 없다. 넘쳐나는 것은 '썰'뿐이다.

최근에는 소셜미디어 등에서도 전문가들이 직접 대중과 소통하려는 노력을 기울이고 있다. 정 미디어를 통해 관련 정보를 접하고 싶다면 되도록 관련 전문가들이 하는 말을 찾아서 듣는 것이 바람직하다. 백신의 경우, 이와 인접한 분야의 전문가들은 물론 의사들, 그리고 '예방의학preventive medicine', '역학epidemiology' 등을 전공한 사람들이다. 역학이라는 분야가 생소할 수 있는데, 검색엔진에서는 이 분야를 "인간 집단 내에서 일어나는 유행병의 원인을 규명하는 학문"이라고 정의하고 있다. 아무튼 궁금하다면 이런 분야를 전공한 사람들이 소셜미디어에서 하는 이야기를 들어보자. 한 가지 주의할 것은 한두 명의 의견만을 청취하기보다는 여러 사람의 의견을 들어보고, 대체적인 경향이 어떤지 살피는 것이다. 어떤 전문가 집단이든 대체로 합의된 견해에서 동떨어진 주장을 하는 사람들이 간혹 존재하게 마련이고, 운 나쁘게 이런 사람이 걸리면 잘못된 견해를 접할 가능성이 작게나마 존재한다. 따라서 적어도 세 명에서 네 명 이상의 견해를 종합하는 것이 바람직하다.

무엇보다 중요한 것은 전문가들의 집단지성을 믿는 것이다. 이 문제에 대해서는 좋은 타산지석이 있다. 미국은 이미 전문가 집단에 대한 대중의 불신이 팽배할 대로 팽배하여, 진문가 견해를 전파하는 일이 상당히 어렵다. 세계 최정상급의 전문가들을 수없이 보유한 나라이면서도 참 아이러니한 일이다. 대통령 등 정치권력자가 전문가를 직접 공격하는 일도 허다하게 발생할 정도다. 이로 인해 발생한 유무형의 사회적 비용은 계산할 수조차 없을 것이다. 코로나바이러스 사태 이래 세계에서 가장 많은 사망자—전 세계 사망자 중 20퍼센트 이상—를 낸 나라가 다름 아닌 세계 최강대국 미국이라는 사실은 시사하는 바가 크다. 다행히 한국은 아직 미국 수준의 전문가 불신이 자리 잡지 않고, 상대적으로는 어느 정도 권위를 인정하는 편이라고 필자는 생각한다. 그리고 이번 코로나바이러스 사태를 통해 방역 당국에 상당한 신뢰가 쌓였다. 이는 매우 다행스러운 일이다. 그러나 비단 이번 사건뿐 아니라, 앞으로도 비슷한 일이 생기면 전문가 집단—'개인'이 아니라—에 신뢰를 보내는 일은 매우 중요할 것이다. 특히나 '저신뢰 사회'로 지칭되는 한국 사회에서 전문가 집단에 대한 맹목적이지는 않지만 건강한 신뢰를 유지하는 것은 매우 중요한 일이며, 언론은 그 과정에서 선도적인 역할을 할 것을 이 자리를 빌려 촉구한다.

챕터 3
솔루션

11.

전문가의 주장을 받아들이는 태도

전문가란 어떤 사람인가

미디어에서 어떤 주장에 신뢰감을 주고 싶을 때 흔히 관련 전문가를 섭외하여 전문적 견해를 듣곤 한다. 그런데 당연하게도, 전문가라고 해서 모든 분야에 대해 잘 아는 것은 아니다. 심지어 자신의 전문 분야에 대해서도 버젓이 틀린 이야기를 하고 다니는 전문가들이 없지 않다. 어떻게 해야 할까? 전문가가 뭐라고 하면 그 권위를 존중하고 받아들이는 것이 올바른 일일까, 아니면 일단 의심부터 하고 봐야 할까? 한국

같이 사회적 신뢰 자본이 부족한 나라에서는 이 문제가 더 심할 것이다.

사실 우리는 이런 사례를 이미 앞에서 보았다. 부정선거 사태에 대해 각계각층의 사람들이 말을 보태는 가운데, 기초 확률에 대해 모르지 않을 것 같은 이공계 교수들이 나름의 견해를 근거로 부정선거가 있었다는 주장에 힘을 보탰다. 그리고 그것을 받아 전달하는 쪽에서는 이들이 전문가라는 사실을 교수 직함 등을 언급함으로써 직간접적으로 부각했다. 이것은 전문가 권위가 가짜뉴스의 전파에 동원된 부정적 사례라 할 수 있다.

그러나 이런 사례만 있었던 것은 아니다. 당장 같은 4·15 부정선거 음모론에 관해서도, 몇몇 전문가들은 음모론에 맞서 그것이 잘못된 결정적 이유에 대해 언급하기도 했다. 예를 들어 국내의 한 정치학 교수는 부정선거 음모론에 힘을 보탠, 미국 정치학자의 통계분석이 왜 잘못되었는지 날카롭게 지적했다. 통계분석은 통계학 지식만 요구하지 않으며, 데이터 자체에 대한 이해 없이는 제대로 이루어질 수 없다. 애초에 분석에 사용된 자료가 미국의 경우와 달랐기 때문에, 다시 말해 사전 투표 집계 방식이 달랐기 때문에, 그런 자료에 미국의 방식을 가정한 통계 모형을 적용한 결과는 틀릴 수밖에 없었다는 것이다. 이 지적은 부정선거 음모론 진영의 논리를 논파하는 데 결정적이었다.

사실 우리는 이보다 더 극적인 사태를 본 적이 있다. 바로 황우석 교수 논문 조작 사건이다. 이 사건에서 짜깁기를 통한 논문 조작을 폭로하는 데 결정적 역할을 한 것은 BRIC이라고 불리는, 생명과학 전문가들의 커뮤니티였다. 익명이었다고는 하지만, 어쨌든 이들도 한 분야를 깊이 공부한 전문가들이었다. 이들이 없었으면 과학적 사기는 어쩌면 지금도 쭉 계속되었을 것이다. 그리고 그것을 인체에 적용했을 것이며, 피해자가 나올 수도 있었을 것이다.

그래서 전문가를 믿으라는 것인가, 말라는 것인가? 이 질문에 답을 하기에 앞서, 전문가의 권위가 어떻게 형성되고 유지되는지 잠깐 살펴보는 것이 도움이 될 것이다. 필자는 주로 학문적 전문가의 경우에 관해 이야기하겠지만—필자의 배경이 애초에 학계이므로—다른 분야에도 어느 정도 적용된다고 믿는다.

전문가가 만들어지는 과정

당연한 말이지만, 하루아침에 누구나 전문가가 될 수 있다면 사실 그 전문가는 '전문가'가 아니다. 숱한 노력과 좌절, 학습을 거친 뒤에야 한 분야의 전문가가 될 수 있다. 그것도 아주 좁은 분야에 대해서 말이다. 학계의 경우, 학문적 전문성은 대개 학사 이상의 학위, 즉 석사나 박사 학위를 통해 인정받는 경우가 대부분이다. 물론 학위가 없는 사람들이 다른 방식으로 전문성을 인정받는 경우가 없지는 않지만, 이는 드문 일이다. 그리고 그런 학위는 대학원 과정을 마침으로써 얻을 수 있다. 그 학위과정을 거치는 동안 하는 일이 그 아주 좁은 분야에 대해 깊숙하게 파고들어 가는 것이다. 대학원을 나오면 해당 전공 전체에 대해 많이 아는 것처럼 생각할 수 있는데 이것은 잘못된 인식이다. 학위는 전공 분야의 매우 특정한 분야에 대한 깊은 전문성을 의미하는 것이다. 농담 삼아 학사가 파리학과를 졸업한 것을 의미한다면, 석사는 파리 뒷다리를 공부한 사람이고, 박사는 파리 뒷다리 발톱에 관해 연구한 사람이라고 하기도 한다. 그만큼 학위과정이 진행될수록 파고드는 분야가 좁아진다는 의미다.

이 학위 하나를 따려고 대학원생들은 석사과정은 2년, 박사과정은 보통 5년 이상의 시간을 보낸다. 이 문장을 듣고 '은전 한 닢'이 생각났다면, 그것은 우연이 아니다. 그만큼 학위에 대한, 약간은 맹목적인 헌신이 있어야 학위과정을 마칠 수 있기 때문이다. 과정 동안 학위과정생은 기반 지식을 쌓고, 연구방법론을 배우고, 자신이 관심 있는 주제에 대해 폭넓게 읽으며 어떤 것을 연구할지 결정해야 한다. 방금 아주 좁은 분야의 전문가가 되는 것이 학위과정이라고 했는데, 그 좁은 주제에 대해서도 놀랍게도 엄청난 양의 연구 논문이 존재한다(운이 좋으면 자신이 전인미답의 영역을 개척하는 경우도 있지만). 이것을 충분히 흡수하고, 뭔가 새로운 것을 내놓을 준비가 되면 학위논문을 작성하기 시작한다. 보통 석사논문은 연구방법론을 배워서 연구를 본격적으로 할 준비가 되었다는 증명, 박사논문은 한 명의 독립된 연구자가 될 준비가 되었다는 증명으로 간주된다. 요즘은 그마저도 더 길어져서, 박사학위를 취득하고 난 후에도 '박사후과정', 일명 '포닥postdoc'이라는 이름으로 더 경험이 많은 연구자 밑에서 연구 수련 과정을 거치기도 한다. 물론 박사학위를 받은 사람들이 갈 만한 정규직 일자리가 부족한 것이 가장 큰 원인이겠지만, 그만큼 인류가 쌓아놓은 지식의 양이 방대하여 박사과정만으로는 충분하지 않게 되었다는 의미일 수도 있다. 아무튼 학계에서는 이 길고 고통스러운 과정을 거쳐야 한 분야의 전문가로 인정받을 수 있다.

지금까지의 이야기를 정리하면, 학계의 전문가가 되려면 긴 시간 동안 고통스러운 수련 과정을 거쳐야 하지만, 그렇게 해도 아주 좁은 분야에서 제한적으로 깊은 식견을 얻을 수 있다는 것이다. 하지만 비단 학계에만 적용되는 말은 아닐 것이다. 스시 장인, 시계 장인, 컴퓨터 프로그래머 등이 높은 전문성을 인정받기 위해서는 마찬가지의, 아니 어쩌면 더 긴 수련 과정을 거쳐야만 할 것이다. 분야에 상관없이, 전문가가 되려면 상당한 시간과 헌신, 노력이 필요하다.

전문가가 말할 수 있는 것

지금까지 한 이야기에 의하면, (학계의) 전문가가 공적 영역에 나서서 전문가로서의 권위를 달고 이야기할 수 있는 대상은 자신이 전공한 매우 좁은 분야에 국한된다. 이를테면 앞서 언급했던 비유인 '파리 뒷다리 발톱'을 전공한 사람의 경우, '박사' 직함을 달고 자신 있게 말할 수 있는 분야는 '파리 뒷다리 발톱'에 국한되는 것이다. 좀 더 엄격한 기준을 요구하자면, 최근 약 5년 이내에 '파리 뒷다리 발톱'에 대해 연구한 실적이 있어야 한다는 조건을 달 수도 있다. 현대사회에서 지식의 업데이트 주기는 매우 빨라져서, 5년 이내에 '파리 뒷다리 발톱'을 연구해보지 않은 사람은 최신 동향에 어두울 가능성이 크기 때문이다.

물론 현실에서 이런 조건을 항상 엄격하게 요구하기는 힘들 수 있다. 그리고 물론 학위과정이 좁은 부분을 깊게 파고 들어 가는 것이지만, 학위를 위해 통과해야 하는 '종합시험'을 보기 위해서는 자신의 전공 분야가 아닌 것도 약간씩은 알고 있어야 한다. 그리고 무엇보다, 어떤 분야를 알고 있는 사람은 자신의 인접 분야를 어떻게 공부하고 탐색해야 할지에 대해 어느 정도 감이 있을 가능성이 크다. 따라서 전문가가 필요한 경우에 자신이 깊이 전공하지 않은 분야에 관해 이야기하는 것을 원천 봉쇄할 필요는 없을 것이다. 단, 조건이 하나 따라붙는다. 그 분야에 대해 말하려면 사전 준비를 충분히 하고, 자신이 언급하는 것의 한계에 대해 인정해야 한다는 것이다.

그러나 현실에서 이런 원칙을 지키지 않는 전문가를 보는 것은 어려운 일이 아니다. 어떤 분야의 전문가라는 이유로, 자신의 전문 분야와 멀거나 전혀 상관이 없는 분야에 대해 전문적(?) 식견을 피력하는 경우가 종종 있다. 물론 앞서 말했듯이, 성실하게 준비하여 임하고, 자신의 한계에 대해 솔직하게 인정한다면 큰 문제가 되지 않는다. 그러나 이런 원칙을 지키지 않는 경우를 드물지 않게 찾아볼 수 있다. 확신에 찬 어조로, 자신이 잘 모르는 분야에 대해 단정적인 말을 쏟아내는 전문가를 보고 있으면 안타까운 생각이 절로 든다. 심지어 그것이 틀렸다는 것을 애초부터 알고 듣는 사람—아마도 해당 분야의 진짜 전문가—으로서는 꽤 화가 날지도 모른다.

문제는 일반인이 전문가가 자신의 진짜 전문 분야에 대해 말을 하는지 아닌지 때로 알기 힘들다는 것이다. 이것은 어느 정도는 어쩔 수 없는 문제다. 한 사람이 깊이 알 수 있는 분야는 극도로 제한되어 있기 때문이다. 하지만 한 가지 방법이 있다. 만약 어떤 전문가가 미디어에 자주 등장하여 전문가적 견해를 피력한다면, 아마도 그 사람에 대한 평판이 인터넷에 형성되어 있을 것이다. 그리고 그 평판이 한곳으로 수렴한다면, 그것은 어느 정도는 정확하다고 보는 것이 옳을 것이다. 그런 평판은 그 분야를 잘 아는 사람들에게서 주로 나오기도 하니 말이다. 물론 미디어에 자주 출연하고, 대중적 인기를 누리는 전문가라면 팬덤이나 안티가 있을 수도 있으므로, 주의를 기울여야 할 수도 있다.

또 하나 강조하고 싶은 것은, 한 분야의 전문성이 인접 분야의 전문성으로 바로 이어지지 않는다는 것이다. 이것을 모르는 사람이 의외로 많다. 필자의 전공 분야인 심리학을 가지고 이야기해보면, 인간의 정보처리를 연구하는 '인지심리학'이라는 분야에 대해 안다고 해서, 심리학의 다른 세부 분야, 예를 들어 사회적 상황에서 인간의 마음과 행동을 연구하는 '사회심리학'에 대해 잘 안다는 의미는 절대 아니다. 하물며 교육학, 사회학, 정치학 등 분야에 대해서는 말할 것도 없다. 그냥 문외한일 가능성이 매우 크다. 그런데 인지심리학 전문가를 특별한 이유 없이 '사회과학자'로 추켜세우면서 다른 인접 분야들에 대해 전문적 견해(?)를 요구하는 것이 타당한 일일까? 그 사람이 평소에 예를 들어 정치학자와 협업을 했든지 해서 해당 분야에 대해 식견을 쌓지 않은 이상, 그것은 옳지 않다.

사실 앞의 부정선거론의 경우에도 이와 비슷한 일이 있었다. 소위 '2의 424제곱분의 1'을 주장한 교수의 전공은 통계

물리학이었다. 학문 이름에 통계가 들어가서 통계학이나 여론조사 전문가일 것 같지만, 꼭 그렇지는 않다. 우선 통계학은 물리학과 독립적으로 존재하는 학문이고, 통계물리학은 통계학과는 별도의 분야로, 통계학과에 흔히 설치된 세부전공 분야가 아니다. 그리고 부정선거 사례와 밀접한 관련이 있는 세부 분야, 이를테면 여론조사라든지 표본조사론 등과 직접적인 관련이 있는 분야는 더더욱 아니다. 그럼에도 불구하고 해당 인물은 '2의 424제곱분의 1'을 근거로 들어 부정선거가 있다고 주장했는데, 이것은 해당 분야 전문성을 기반으로 이루어진 주장이 아니다.

백번 양보하여 여기까지는 좋다고 하자. 모든 사람에게는 자신의 의견을 자유롭게 표현할 자유가 있다. 문제는 그다음에 벌어진 일이었다. 부정선거 음모론자들은 마치 '2의 424제곱분의 1'에 학문적 권위가 있는 것처럼 포장하기 시작했다. 하지만 해당 교수의 전공은 이 사안과는 별 관련도 없을뿐더러, 학문적으로 깊이 파고들면 틀린 주장이다. 이를 지적하는 목소리가 곳곳에서 나왔음에도 불구하고, 부정선거를 주장하는 이들은 '2의 424분의 1'을 금과옥조처럼 되뇌었다.

전문가는 기본적으로 자신이 아는 것에 대해 말해야 하

고, 자신의 전문 분야에 인접한 것에 대해 말할 때는 성실하고 조심해야 한다. 거꾸로 특정 분야 전문가가 인접 분야까지 다 잘 알 것으로 생각하고 질문하는 것 또한 잘못이다. 하지만 현재 한국의 현실은 어떤 사안이 터지면 미디어 노출이 잦은 전문가에게 곧장 달려가 인터뷰를 요청하는 식으로, 전문성에 대해 낮은 인식 수준을 보여주거나, 심지어 전문성 자체를 우습게 보는 것 같은 태도를 보이는 것이 사실이다. 이것은 실로 개탄스러운 현실이며, 이런 정보를 수용하는 입장에서는 비판적으로 바라볼 필요가 있다. 해당 전문가가 어떤 언급을 하는 분야에 종사하는지, 아니면 종사했는지 정도를 확인하거나, 최소한 그 사람이 잘못된 정보를 전파한 '전과'가 있는지 알아보는 것이 그 '전문가'의 언급의 진위를 판단하는 데 도움이 된다. 그러나 무엇보다 중요한 것은, 전문가의 견해가 내 견해와 일치할 때 무비판적으로 받아들이고 싶은 충동을 잠깐 억제하는 것이다. 진영 논리에 빠지는 것은 실로 한순간이니까 말이다.

한 가지 고백하자면, 필자도 이 책을 쓰면서 직접 전공하지 않은 분야에 대해 이래저래 언급하게 되는데, 다음과 같은 이유로 이를 정당화하고 싶다. 첫째, 교양서 수준의 책을 쓰면서 다양한 주제를 다루지 않는 것은 거의 불가능하다. 만약 필자가 전공한 분야에 관해서만 쓴다면 그것은 논문 또는 전공서이지 교양서가 될 수 없을 것이고, 그것은 많은 사람들이 읽지 않는 책이 될 것이다. 간혹 다른 전공자가 보기에, 필자가 불충분하게 설명하는 부분이 있을지도 모른다. 그런 경우를 보았다면 피드백을 해주었으면 좋겠다. 겸허하게 수용하겠다. 둘째, 그럼에도 불구하고 이 책의 주제에 관해 이야기하는 것의 효용이, 필자가 아주 잘 알지는 못하는 주제를 다소 얕게 다루는 것의 불이익에 비해 크다고 믿는다. 지금까지 심리학 등의 분야에서 이루어진 연구 성과에 근거하여, 이를 독자들이 소화할 수 있을 정도로 '부드럽게' 만들어서 전달하는 역할을 하는 사람이 있어야 한다고 생각한다. 물론 그 과정에서 앞에서 언급한 대로, 동료평가를 거친 논문 등 믿을 만한 소스를 사용하려고 성실하게 노력했다고 자부한다. 그러나 그 과정에서 예기치 않은 불필요한 단순화나 왜곡, 생략 등이 발생했다면, 그것은 오롯이 필자의 책임이다.

이해충돌이 있는가

전문가 견해와 관련하여 또 하나 짚고 넘어가야 하는 것은 이해충돌conflict of interest의 문제다. 이 글의 맥락에서, 이해충돌이란 전문가가 특정 사안에 대해 언급할 때 그것이 전문가 자신에게 득이나 실이 될 가능성이 있는 경우를 의미한다. 예를 들어 현대 통계학을 정초한 학문적 거인이었던 로널드 피셔Ronald A. Fisher 경은 담배가 폐암을 유발한다는 증거가 빈약하다고 주장한 것으로 유명한데, 나중에 알고 보니 담배 회사에 관련 컨설팅을 해주었다는 것이 드러나 큰 비난을 받은 일이 있다. 이 정도로 유명한 사례가 아니라도, 우리는 건강식품, 의료기기 등과 관련하여 여러 사례를 간간이 접하곤 한다. 그리고 최근 사회적으로 큰 이슈가 된 소위 뒷광고 논란도 결국 이해충돌 문제와 맞닿아 있다.

전문가도 사람인지라 이득 앞에서 눈이 흐려지는 경우가 없지는 않다. 중요한 것은 전문가가 언급하는 사안에 대해 이해충돌이 존재할 경우, 그것을 투명하게 밝히는 일이다. 이해관계가 있다고 하여 해당 사안에 대해 굳이 말하지 말아야 할 이유는 없다. 전문가에게도 표현의 자유가 있다. 그러나 그 전문가가 이해충돌을 밝히지 않는다면 그 언급에 무게가 실리기는 매우 힘들 것이다. 거꾸로 수용자 쪽에서는 이해충돌 관계가 있을 법한 전문가가 그 사실에 대해 제대로 언급하지 않고 견해를 밝힌다면, 그것에 대해서는 무게를 덜 실어야 한다는 이야기도 된다. 나아가 그런 전문가들에 대해 문제를 제기하는 것이, 일부 전문가들이 종사 분야 전체에 누를 끼치지 않게 하는 길이기도 할 것이다.

동료 집단의 중요성

사실 전문가는 동료 집단 없이는 존재할 수 없다. 전문가의 전문성은 스스로 주장만 한다고 성립되는 게 아니라, 동료 전문가들의 독립적인 평가와 인정에 의해 비로소 정당화되기 때문이다. 사실 우리는 주변에서 아무도 알아주지 않는데 스스로 전문가라고 주장하는 사람들을 흔히 볼 수 있다. 심지어 어떤 경우에는 약간의 팬덤을 형성하여, 자신들만의 영역을 형성하기도 한다. 이런 사람들을 설득할 방법은 사실상 없어 보인다. 남들에게 해가 되지 않는 한 그들만의 리그를 즐기라고 권해줄 수 있을 따름이다. 그러나 그런 사람을 전문가라고 인정할 수는 없다.

학문의 세계에는 검증 절차로 '동료평가'라는 것이 있다. 전문가가 어떤 새로운 학문적 주장을 세상에 내놓으면, 그것은 절대 무비판적으로 수용될 수 없다. 만약 바로 수용된다면, 그것은 그 분야 자체가 이상한 것이다. 대신 그 주장은 독립적인 전문가들의 검토를 거친 후, 타당하다고 판단되면 비로소 세상의 빛을 보게 된다. 그 과정은 실로 고통스럽지만, 현재로서는 잘못된 주장이 세상에 유통되지 않게 하는 사실상 유일한 안전망이라고 할 수 있다. 따라서 동료평가를 거부하거나 거치지 않은 '전문가'가 있다면 의심해볼 수 있다.

앞에서 평판 이야기를 잠깐 했는데, 사실 전문가의 진짜 평판은 그 전문가와 유사한 영역에 종사하는 다른 전문가들로부터 가장 잘 얻을 수 있다. 그래서 그런 평판에 접근 가능하다면 그런 것을 알아보는 것도 한 가지 방법이다. 물론 한 명보다는 두 명, 두 명보다는 세 명에게서 얻은 평판이 더 정확할 것이다. 전문가들도 사람이고, 어느 정도는 개인적 편향의 영향을 받을 수 있기 때문이다.

마찬가지로, 미디어에 등장하는 전문가의 주장은—특히 그것이 학술적인 내용일 경우에—그것이 동료들에 의해 독립적으로 검증되었는지 살펴보는 것이 가장 바람직한 길이다. 물론 이것이 현실에서 잘 이루어지지는 않는다. 일반인의 입장에서는 동료 전문가들이 누군지도 모르고, 어디서 알아봐야 할지도 애매하기 때문이다. 이럴 때 간접적으로 알아보는 방법이 있다. 바로 해당 전문가가 다른 사람들에 의해 잘 확립된, 동료평가를 거친 연구 성과를 인용하는지 보는 것이다. 만약 그렇다면 어느 정도는 믿을 수 있다고 봐도 좋을 것이다. 그게 아니라 완전히 새로운 주장을 한다면, 그것은 아마도 미디어가 아니라 학술지에 먼저 내놓아야 할 것이다. 결국 이 문제는 전문가 개인이 아니라, 전문적 지식 일반이 학계에서 어떻게 형성되고 인정받는지의 문제로 이어진다. 다음 장에서 이 이야기를 본격적으로 할 것인데, 그 전에 마지막으로 비전문가의 입장에서 전문가 견해를 어떻게 소비해야 하는지, 구체적으로 실천할 수 있는 것 몇 가지를 말하려 한다.

전문가 견해를 소비하는 법

지금까지 이야기한 내용을 바탕으로, 일반 시민들이 실천할 수 있는 항목들을 정리해보면 다음과 같다.

(학문적) 전문가 여부를 판단하는 법: 어떤 사람이 TV 등 미디어에 노출 빈도가 잦다는 것이 꼭 그 사람이 해당 분야의 권위자 또는 전문가라는 것을 의미하는 것은 아니다. 특히 그 사람이 특정 분야가 아니라 다양한 분야에 관해 언급하는 빈도가 높다면 의심해볼 필요가 있다. 가장 중요한 것은 그 사람이 해당 분야의 동료들에게도 전문가라고 인정받고 있는가 하는 것이다. 관련 분야에서 동료평가를 하는 학술지에 출간한 논문이 있는가, 만약 있다면 가장 최근의 것은 무엇인가(예전에 전문가였다 하더라도 지식을 업데이트하지 않으면 빠르게 전문성을 잃을 수도 있다), 꼭 학술지가 아니더라도 다른 경로로 동료 전문가들에게 인정받고 있는가 등을 살필 수 있다. 특히 마지막 항목은 전문성이 논문 등 출간물을 통해 인정받지 않거나 그런 기준을 적용하기 힘든 분야에 대해 사용할 수 있는 기준이다. 만약 이런 것들을 갖추고 있지 않거나, 특히 과거에 다른 전문가에게 그 전문성을 비판받은 일이 있다면 의심해볼 필요가 있다.

전문가를 찾는 법: 위에서 말한 판단 방법을 그대로 적용하면 된다. 해당 분야의 다른 전문가들에게 그 전문성을 인정받는 사람, 또는 관련 학술지 등에 논문을 출간한 적이 있

는 사람을 찾으면 된다. 예를 들어 어떤 심리학 분야의 전문가를 찾으려면, 해당 분야의 권위 있는 학술지에 논문을 활발하게 출간하는 사람을 찾으면 가장 확실하다. 여기서 하나 주의할 점은 전문성의 범위를 꽤 좁게 잡아야 할 수도 있다는 것이다. 사실 '심리학' 전문가라는 것은 존재하지 않는다. '인지심리학', '임상심리학' 전문가는 있을지 몰라도 말이다. 사실 분야의 세부 항목으로 들어가면 사정은 더 복잡하다. 앞서 말한 '파리 발톱' 전문가의 예시를 떠올려보면 왜 그런지 이해할 수 있을 것이다. 그래서 사실 어떤 특정 주제에 대한 전문가를 찾고 있다면, 그 '분야' 전문가보다는 그 '주제'에 관한 전문가를 찾는 것이 더 정확할 가능성이 크다. 그리고 이런 경우에는 관심을 두고 있는 몇 가지 키워드가 있을 것이므로, 그런 것들로 검색해보면 전문가를 찾을 가능성이 더 커진다. 이를테면 '우울증', '자살' 등의 키워드는 한국에서는 학술연구정보서비스Research Information Sharing Service, RISS, 세계적으로는 구글 학술 검색Google Scholar 등 학술논문 검색 웹사이트들에서 검색할 수 있다. 이런 키워드들에 관해 최근에 논문을 출간한 사람이 해당 주제에 대한 진짜 전문가일 가능성이 크다.

전문가 주장을 검증하는 법: 전문가라 해서 언제나 틀리지 않는 것이 아니다. 안타깝게도 일부 전문가들이 자신의 전문 분야에 대해서도 간혹 틀린 견해를 내놓기도 한다. 비전문가의 입장에서 이를 알아차리는 것은 매우 어려운 일이다. 만약 전문가가 하는 주장이 의심스럽다면, 일단 그 주장이 동료 전문가들의 검증을 거쳤는지 보는 것이 가장 먼저 할 일이다. 계속 강조하지만, 동료 검증을 거친 관련 학술논문, 또는 미디어 등에 언급된 동료 전문가들의 평가 등이 있다면 가장 좋고, 이런 것들은 앞서 언급한 웹사이트 등에서 쉽게 찾을 수 있다. 그리고 요즘은 전문가들이 홍보 목적으로 개인 홈페이지를 만들어서, 거기에 연구 이력을 게시하는 것이 일반적이다. 이런 것들이 없는 상황에서 굳이 전문가 견해를 검증하고 싶다면, 해당 분야의 다른 전문가들에게 직접 문의하는 방법을 고려해볼 수도 있다. 요즘은 전문가들(특히 학문 연구자들)의 이메일 주소 등이 공개된 경우가 많아서 직접 접촉할 수 있다. 언제나 답변을 기대할 수는 없겠지만, 의외로 많은 전문가가 이런 문제가 생겼을 때 도움을 주려 할 것이다. 특히 동료 전문가가 분야 전체에 대한 오해를 낳는 주장을 하고 있다면, 문의를 받은 전문가 입장에서도 검증을 위한 강한 동기가 부여될 것이다.

전문가 주장을 받아들이는 태도: 충분히 업데이트되어 있다는 것을 전제로 할 때, 전문가 집단이 공유하는 견해는 인류가 가진 최신, 최선의 지식이다. 물론 100퍼센트 정확하지 않을 수는 있지만 말이다. 그래서 일단은 전문가, 적어도 전문가 집단의 견해를 신뢰하는 것이 중요하다. 때로 전문가 집단 전체가 매수되었다거나 타락했다는 음모론적 견해를 볼 수 있는데, 제대로 된, 양심적인 전문가 집단들은 반드시 자정 장치를 갖추고 있다는 것을 명심할 필요가 있다. 따라서 그런 음모론은 일단 멀리하는 것이 좋다. 그리고 간혹 전문가 집단 내에서도 의견 일치를 보지 못할 때가 있는데, 이때는 해당 사안에 관한 판단을 잠시 유보하는 것도 한 방법이다. 마지막으로, 이해충돌 관계가 있는 사안에 대한 전문가 견해라면 다소 비판적으로 바라볼 것을 권한다.

12.

과학 뉴스를 읽는 방법

대중매체의 과학 연구 보도

필자가 페이스북 계정을 만든 지 7년쯤 된 것 같다. 그동안 친구가 꽤 늘었는데, 보통 비슷한 배경의 사람들이 모이기 딱 좋은 소셜미디어의 특성상, 필자의 친구들은 대부분 과학 또는 여타 학문 분야에 종사하는 사람이 많다. 그러다 보니 본의 아니게 석, 박사 학위를 소지한 페친의 비중이 높아졌다. 물론 이것이 필자가 성공한 사람들만 친구로 둔다는 의미는 절대 아니다. 대학원 이상 학력을 가진 사람 중에서도 정규직 일자리를 잡기 힘들어 고생하고 있는 사람들이 한둘이 아니며, 요즘같이 경제가 어렵고 학계 사정도 좋지 않은 상황에서는 더 그렇다. 그래서 친구 중에는 물론 크게 성공한 사람들도 있지만, 그렇지 않은 (하지만 앞으로 성공할 수도 있는) 사람들까지 그 스펙트럼이 매우 넓다.

하지만 성공했는지, 돈이 많은지 여부와 상관없이 필자의 친구들이 대체로 함께 분노하는 대상이 있으니, 그것은 대중매체에서 과학 (또는 다른 분야) 연구를 소비하는 방식이다. 다수의 대중매체에서는 연구가 어떻게 이루어지는지, 그 의미는 무엇인지, 그리고 가장 중요하게는 한계점이 무엇인지 거의 설명하지 않는다. 그런 매체들에서는 과학 연구들을 100퍼센트 '사실'로 확립된 것이나 놀라운 발견 같은 것으로 묘사하지, 불확실하고 잠정적인 결론, 사후에 뒤집힐 수도 있는 것 등을 의미하지는 않는다. 물론 대중은 후자가 아닌 전자를 더 원하고 관심 있어 하므로, 이런 보도 행태를 무턱대고 비난할 수만은 없다. 대중매체도 결국 기업에 의해 운영되며, 기업의 일차 목표는 이윤을 얻는 것이고, (특히 언론사에서) 이윤은 사람들의 관심에서 창출되는 것이기 때문이다.

문제는 이런 보도 태도가 학문 연구에 대한 매우 잘못된 인식으로 몰아갈 수 있다는 것이다. 가짜뉴스나 진영 논리와 직접적인 관련은 없을 수 있지만, 대중에게 과학 연구의 본질이 잘못 전달되는 것, 불확실한 것이 확실한 것인 양 둔갑하여 소개되는 것 자체가 일종의 가짜뉴스라고 볼 수도 있을 것이다. 그리고 지금까지 우리는 과학이나 과학자가 가짜뉴스에 어떻게 직간접적으로 기여하는지 그 사례를 몇 차례 본 바 있다. 그래서 이 장에서 이와 관련된 오해를 풀고, 언론지상에 등장하는 과학 연구를 어떻게 소비해야 하는지 다루려 한다.

한 가지 일러둘 것은 이 장에 등장하는 내용은 필자의 제한적인 학문적 경험에 기반을 둔 것이기 때문에 모든 학문 분야에 적용되지는 않을지도 모른다는 것이다. 또 이 장의 내용으로 인해 혹시 기분이 상한 연구자가 있다면 미리 양해를 구하고 싶다. 개별 필자가 대중을 상대로 이런 내용을 소통함에 있어서 필연적으로 따를 수밖에 없는, 일종의 단순화로 여기면 고맙겠다.

과학 연구는 어떻게 이루어지는가

이야기에 앞서 한 가지 당부를 하고 넘어가고자 한다. 당연한 이야기지만, 필자는 모든 학문 분야에서 연구가 어떻게 이루어지고 유통되는지 완벽하게 소개할 수 없다. 모든 분야를 다 전공해볼 수는 없고, 사실 그 누구도 그런 일을 할 수는 없기 때문이다. 하지만 분야를 막론하고 지식의 생명 주기에는 어느 정도의 공통점이 있기에, 그것에 관해 간략하게 소개할 수는 있다. 이 과정을 아주 짧고 단순화시켜 소개할 것인데, 이 내용이 지식이 생산되고 소비되는 전 과정이라고 생각하지는 않았으면 좋겠다.

출발점부터 이야기해보면, 새로운 지식의 첫머리는 기존에 존재하는 지식의 한계점을 인식하는 데서 올 때가 많다(사실 기존 지식이 완벽하다면 왜 연구를 하겠는가?). 예를 들어 어떤 심리학 이론—'A'라고 하자—이 있는데, 그 이론은 넓게 보아 X라는 현상을 잘 설명하지만 Y라는 현상은 잘 설명하지 못한다고 해보자. 이럴 때 연구자가 할 수 있는 일은 여러 가지가 있는데, 첫 번째(아마도 가장 많이 이루어지는 것)는 A라는 이론을 약간 수정하여 A2를 만드는 것이다. 여기에는 A가 가진 수많은 가정 중 하나를 변화시키거나 새로운 가정을 추가하는 것 등의 방법을 사용할 수 있다. 그러고 나서 A2가 A보다 Y를 실제로 더 잘 설명한다는 것을 입증하기 위해 실험이나 관찰 연구 등을 계획한다. 이 계획에는 어떤 자료를 수집하고, 어떻게 데이터를 분석할 것인지 등이 들어간다. 드물게는, A라는 이론이 뿌리부터 잘못되었기 때문에, 우리는 A라는 이론을 폐기하고 B라는 이론—대개 연구자가 주장하는 완전히 새로운 이론—을 채택해야 한다고 주장하기도 한다. 물론 이것이 학계에 받아들여지는 것은 A의 아류들을 제시하는 것에 비해 훨씬 어렵고 그 가능성이 작다. 그러나 그 보상은 매우 커서, 만약 B가 학계에서 받아들여지면, 그 연구자에게는 좋은 일자리와 명성, 그리고 '대가大家'라는 타이틀 등이 주어지는 것은 사실상 시간문제다.

어쨌든 새로운 주장을 뒷받침하기 위해 자료를 수집하고 나면, 연구자는 이를 분석하여 자신의 주장을 뒷받침한다. 통계적으로 '유의한' 증거가 발견되면, 연구자는 이 결과를 논문으로 써서 학회지에 제출한다. 제대로 된 학술지라면 이 논문을 보통 세 명, 또는 그 이상의 연구자들이 '동료평가'를 거쳐 게재 여부를 심사한다. 여기서 심사 결과가 만족스러우면 논문은 학회지에 실린다. 그러나 하나의 수정 요구 사항도 없이 논문이 바로 게재 승인되는 일은 극히 드물고, 크고 작은 수정 사항들을 심사위원들에게 요구받은 뒤, 이를 반영하여 재심사를 거쳐 출간되는 것이 일반적이다. 사실 이런 과정도 없이 그냥 '게재 불가' 판정을 받는 것이 훨씬 더 흔한 경우다. 명망 높은 학회지의 경우, 90퍼센트 이상의 제출 논문들이 '게재 불가'의 운명을 맞게 된다. 연구자로서는 슬픈 일이지만, 이 관문을 넘어야 자신의 연구를 세상에 알릴 수 있어서(그리고 일자리를 유지할 수 있어서), 끝없이 도전할 수밖에 없다. 그리고 현실적으로는 자신의 일자리—박사후과정, 교수직, 연구원 등—가 직접 논문 출간 실적에 달려 있기에 포기할 수 없는 작업이기도 하다.

여기까지가 과학 연구의 과정에 대한 아주 짧고 단순화된 소개다. 대학원을 다녀본 사람이라면 누구나 알지만, 대중에게는 사실 거의 알려지지 않은 내용이다. 그런데 이 짧은 소개에는 미처 다루지 못한 세부 사항들이 있다. "악마는 디테일에 있다The devil is in the detail."라는 말이 있듯이, 좀 더 세세하게 들어가면—인간사라는 것이 으레 그렇듯이—곱씹어볼 만한 지점들이 있다.

'별'이 뜬다는 것

학계에서 새로운 논문이 나왔다는 것은 보통 해당 연구자가 진리를 발견했다는 뜻이 아니라, 향후 동료 학자들에 의해 반복적으로 검증되어야 할 것이 새로 등장했다는 의미 정도로 받아들여진다. 과학 연구가 100퍼센트 참이 아닌 이유 중 하나는 데이터분석 과정이 불완전하기 때문이다. 이것이 어떻게 이루어지는지 간략하게 설명하고자 한다.

아이러니하게도, 과학자들이 통계분석을 통해 자신의 주장을 입증했다고 할 때, 그것이 의미하는 것은 (대부분) 자신의 주장을 데이터로 직접 입증했다는 것이 아니라, 그것이 '옳지 않다'라는 주장을 데이터로 반증했다는 것이다. 말장난 같지만 조금만 더 참고 들어주기 바란다. 이를 부르는 용어도 엄연히 존재한다. 통계학에서는 연구자의 주장이 틀렸다는 주장을 '영가설' 또는 '귀무가설'이라고 부른다. 이것이 의미하는 바는 다음과 같다. 어떤 연구자가 'A는 B에 영향을 미친다'라고 주장한다고 해보자. 그러면 연구자의 주장이 틀렸다면, 'A는 B에 영향을 끼치지 않는다'가 참이어야 한다. 예를 들어 A는 공부하면서 음악을 듣는지 여부, B는 시험 성적이라면, 연구자가 주장하는 것은 음악을 들으면 성적이 오르거나 내린다는 것이며, 그게 틀렸다면 음악을 듣든 말든 성적에 영향이 없을 것이다. 후자가 바로 영가설이다.

영가설을 세우고 그것을 반박해야 연구자의 가설이 입증되며, 이를 위해 실험을 진행한다. 앞의 예시를 이어나가면, 사람들을 두 집단으로 나눈 뒤, 한 집단은 음악을 들으며 공부하게 하고, 다른 집단은 음악 없이 공부하게 한다. 물론 공정한 통제를 위해 음악이 아닌 다른 소리, 이를테면 백색 잡음 같은 것을 들려주기도 한다. 그리고 가능한 각종 편향을 막기 위해, 사람들이 어느 집단에 할당되는지는 임의로 결정한다. 이렇게 해서 공부를 시킨 뒤 시험을 본다. 그러면 두 실험 집단의 시험 점수가 나올 것인데, 두 집단의 평균이 정확히 같지는 않을 것이다. 여기서 문제는 평균의 차이가 음악이 성적에 영향을 끼치지 않는데도 불구하고, 다시 말해 영가설이 참인데도 '통계적으로 우연히' 발견될 수 있다는 것이다. 이런 우연성을 배제하려면 관찰된 차이가 충분히 커야 한다. 통계학이 담당하는 역할은 여기서 '우연' 여부를 판정하는 것이다.

여기서 과학자들은 그 기준으로 'P값'을 사용한다. P값에 대한 자세한 설명은 수학적으로 깊이 들어가는 내용이므로 여기서는 생략한다. 아무튼 P값이 작을수록 차이가 우연히 발생했다고 보기 힘들다는 것, 다시 말해 영가설이 지지받지 못한다는 것을 의미한다. P값은 0에서 1 사이의 값을 가질 수 있고, 관례상 P값이 0.05보다 작으면 차이가 통계적으로 '유의significant'하다고 이야기한다. 영가설이 틀렸다고 판정하는 것이다. 보통 통계분석 프로그램들이 0.05보다 작은 P값 옆에는 별표(*)를 붙여 표시하는데, 이런 이유로 연구자들은 실험 등에서 통계적으로 '유의'한 결과를 얻으면 "별이 떴다."라고 말하기도 한다. 주위에 대학원생 친구가 있는데 난데없이 별 이야기를 한다면, 통계적 유의성 이야기를 하는 것이라고 보면 십중팔구 맞을 것이다. 그리고 별이 떴다고 하면 일단 축하하자. 논문이 코앞에 왔다는 뜻일 수 있으니까 말이다.

확률적 발견으로서의 과학 연구와 재현성

통계학자들에게 통계학이 어떤 학문이냐고 물으면 대개 '불확실성을 다루는 학문'이라고 말할 것이다. 그리고 이것은 영가설 기각 여부에도 똑같이 적용된다. 즉 영가설을 기각했을 때도 그것이 틀린 결정일 가능성이 있고, 기각하지 않았을 때도 결정은 틀렸을 수 있다. 좀 더 구체적으로는, 영가설이 맞는데 틀렸다고 주장하는 오류를 '1종 오류Type I error', 반대로 영가설이 틀렸는데도 맞는다고 하는 것을 '2종 오류Type II error'라고 부른다. 통계분석 절차들은 대개 1종 오류에 관심이 많고, 그 확률을 대개 5퍼센트 밑으로 통제하려 한다. 즉 이상적인 상황에서도, 우리는 통계적 가설검정 절차를 사용한 과학 연구 가운데 20개 중 한 개꼴로 잘못된 발견이 있을 수 있다는 것을 받아들여야 한다. 물론 이런 '품질관리' 과정을 거치기 때문에 그렇지 않은 것들, 이를테면 속설이나 일반 상식 등에 비하면 과학 연구의 품질은 훨씬 더 좋다. 그러나 언제나 맞는 것은 아니라는 것이다. 이 문제를 해결하려고, 과학자들은 연구가 '재현reproduce'될 것을 요구한다. 개별 연구는 확률적으로 어느 정도 틀렸을 가능성이 있어도, 다른 과학자들에 의해 같은 결과가 계속 산출된다면, 그것들 전부가 틀렸을 가능성은 점점 작아질 것이고, 많이 재현된 연구일수록 더 그러할 것이다. 그리고 재현하려면 상당한 시간이 필요하다. 이것이 과학자들이 갓 생산된 지식보다 나온 지 좀 되어 반복적으로 검증된 지식을 훨씬 신뢰하는 이유다.

지식 확립에는 시간이 걸린다

과학자들이 이 모든 수고를 감수하는 이유는 개별 인간은 온갖 편향과 오류에 시달리며, 과학자들도 예외가 아님을 알기 때문이다. 그래서 매우 수고스럽지만 학술지를 만들고, 어려운 심사 과정을 거치며, 논문이 출간된 뒤에도 지루한 비판과 검증 작업을 거치는 것이다. 이 모든 것을 뚫고 살아남은 지식만이 비로소 학자 일반에 받아들여져 마침내 교과서에 실리는 등 확립된 지식의 지위를 차지하는 것이다. 물론 이것도 완전한 끝은 아니다. 토머스 쿤Thomas Kuhn의 《과학혁명의 구조》에 잘 나와 있듯이, 이미 한 번 확립된 지식도 그것보다 현상을 잘 설명하는 다른 지식 체계에 의해 언제든 교체될 수 있다. '패러다임 전환paradigm shift'은 바로 이런 사건을 일컫는 말이다.

언론에서 소개하는 과학 연구는 이 모든 지난한 검증 과정을 모두 생략하고, 과학자들이 어느 날 갑자기 연구실에서 놀라운 발견을 떡하니 내놓는 것처럼 묘사한다. 그러나 그것은 사실이 아니다. 앞서 길게 설명한 것처럼, 새로운 지식이 세상에 나오는 과정은 험난하기 그지없다. 대중은 이 과정에 큰 관심이 없기에 언론에서 소개하지 않는 것뿐이다. 때로는 흥미 위주의 보도를 위해 매우 의문스러운 과학 연구를 가십거리 삼아 보도하기도 한다. 얼마 전 있었던, '알통 보수' 논문 관련 보도가 좋은 예시다.[1]

해당 보도는 헤드라인부터 '알통 굵기 정치 신념 좌우'라는 매우 흥미롭고 자극적인 문구를 사용했지만, 해당 연구는 위에서 말한 재현 과정을 거치기 전의 '따끈따끈한' 연구였고, 그나마도 사실 디테일에서 문제가 많은 것이었다. 이 정도면 가짜뉴스와 크게 구분이 안 될 지경이다.

소셜미디어의 시대를 맞아, 각종 매체는 사람들의 이목을 끌려고 사활을 건 경쟁을 펼친다. 그리고 흥미로워 보이는 과학 연구들은 나오자마자 일부 언론의 좋은 먹잇감이 되기도 한다. 현명한 미디어 소비자는 이런 상황에서 무턱대고 믿기보다는, 일단 흥미롭지만 검증이 필요한 새로운 지식의 씨앗 정도가 나왔다고 받아들일 것이다. 그리고 더 흥미가 생긴다면 관련 전문가의 평가를 찾아볼 것이다. 무엇보다 꾸준히 관심을 가지고 후속 연구가 나오는지 기다릴 것이다. 하지만 그렇게까지 노력을 기울일 사람은 많이 없을 것이다. 그러면 이것만 기억해두자. 과학적 지식은 매우 천천히 진보하며, 갓 나온 연구는 유보적 결론이다. 이것만으로도 과학에 대한 많은 오해를 막을 수 있을 것이다.

과학 뉴스에 등장하는 통계 소비법

지난 장에서처럼, 지금부터는 과학 연구의 개별 소비자가 구체적으로 실천할 수 있는 것들에 대해 알아보자. 사실 과학 연구라기보다는 데이터를 사용하는 모든 종류의 '연구'에 적용할 수 있는 이야기라고 보는 게 맞을 것이다. 최근 다수의 사회과학 연구들도 연구에 각종 자료를 동원하고 있는데, 해당 연구들의 임팩트가 때로 꽤 크기 때문에 자료를 정신 차리고 보는 것이 그 어느 때보다도 중요하다고 하겠다. 데이터 이외의 전문 지식은 수용자 입장에서 사실상 검증할 방법이 별로 없어서, 여기서는 자료의 측면에 집중하려 한다.

가장 먼저 할 일은 자료 자체의 건전성을 체크하는 일이다. 잘 통제된 실험 또는 정부 기관 등의 수집 절차를 거쳐 나온, 신뢰할 수 있는 자료인지 확인하자. 출처가 분명하지 않은 자료를 사용하는 '과학'(?) 연구들도 심심찮게 존재하는데, 이런 연구에서 인용하는 자료는 시행 기관에 의해 자의적으로 수집되거나, 심지어 가공된 가짜 자료일 가능성도 크다.

그다음으로 할 일은 자료 자체를 뜯어보는 것이다. 주의사항이 여럿 있는데, 몇 가지 예를 들어보면 다음과 같다.

표본 크기: 연구에 사용된 표본의 크기는 언제나 중요하다. 표본 크기는 대체로 클수록 좋다. 너무 작은 표본 크기(이를테면 10 미만)를 사용한 연구는 약간 의심해볼 필요가 있다.

자료 일반: 숫자뿐 아니라 그 불확실성도 함께 볼 필요가 있다. 자료에는 언제나 통계적 우연성이라는 것이 개입하며, 겉으로는 차이가 나 보이는 숫자들도 사실은 크게 의미 있는 차이가 아닐 수 있다. 정치인, 정당 지지율이 좋은 사례다. 지지율 설문조사를 할 때, 기관들은 언제나 신뢰도 또는 오차의 한계라는 것을 제시하며, 이 안의 차이는 우연성을 배제할 수 없다고 명시한다. 따라서 한 주 한 주 조금씩 변화하는 지지율, 이를테면 지난주와 비교하여 지지율이 0.1퍼센트 정도 오르거나 내린 것은 전반적 지지율 자체가 변했다기보다는, 설문 대상의 변화에 의한 통계적 우연으로 해석하는 것이 옳을 것이다. 이를 통계학에서는 '표집오차sampling error'라고 부른다.

비율 자료: 항상 분모가 무엇인지 체크해야 한다. 이를테면 특정 질환의 사망률이 10퍼센트 감소했다고 할 때, 이것이 의

미하는 바는 두 가지가 있을 수 있다. 첫째, 원래 사망률이 이를테면 20퍼센트였는데, 이 중 10퍼센트인 2퍼센트가 감소하여 18퍼센트가 되었다는 의미일 수 있다. 둘째, 20퍼센트에서 10퍼센트가 감소하여 10퍼센트가 되었다는 말일 수 있다. 이 두 진술의 분모는 각각 20퍼센트와 100퍼센트로 다르다. 이 차이를 분명히 (때로는 의도적으로) 하지 않는 경우가 있는데, 잘 살펴볼 필요가 있다. 사실 이를 구분하기 위해 '퍼센트'라는 표현 대신 '퍼센트포인트'라는 표현을 사용하기도 한다.

숫자 자료 일반: 비율 자료에도 해당되는 이야기지만, 신뢰구간이 함께 제시되어 있는지 눈여겨보자. 신뢰구간은 숫자에 대한 불확실성이 얼마나 되는지 구간의 형태로 제시한 것이다. 보통은 막대그래프상에서 막대의 아래위로 뻗은 선의 형태로 표현된다. 신뢰구간에 대한 일반적인 해석은 선의 아래 끝과 위 끝 사이의 값들은 모두 어느 정도는 그럴듯하다는 것이다(더 정확한 해석은 이것과는 좀 다르지만 여기서는 넘어가자). 신뢰구간의 길이가 짧을수록 숫자에 대한 불확실성이 적다는 것이며, 길수록 불확실성이 크다는 것이다. 신뢰구간이 아예 제시되지 않을 때도 있는데, 이런 경우에는 제시된 추정치를 너무 믿지 않는 것이 바람직하다.

시각화 자료: 가장 흔히 등장하는 막대그래프나 꺾은선그래프의 경우, 세로축이 어디서부터 시작하는지 눈여겨보자. 0부터 시작하지 않는 것들이 상당히 많다. 세로축의 시작점을 '적절히' 조절함으로써 작은 차이도 커 보이게 만드는 것이 얼마든지 가능하다. 이것을 'Y축 해킹'이라고 부르기도 한다. 이 외에도 숫자와 시각화 자료상의 비율이 어느 정도 일치하는지, 불필요한 시각적 효과(3차원 그래프 등)로 인해 실제 숫자가 왜곡되어 보이는지 등을 체크해보자.

통계적 검정 자료: 그렇게 흔히 볼 수 있는 자료는 아니지만, 간혹 등장하곤 한다. 대개 앞에서 설명한 P값이 등장하는데, 이 자료는 참고용으로 보기를 권한다. 대개 숫자가 0.05보다 작으면 연구자는 자료가 자신의 가설을 지지한다고 해석하지만, 이 해석에 반하는 연구 결과들도 상당수 있다. 따라서 0.05보다 작은 P값을 봤을 때는, 해당 연구가 최소한의 허들을 넘었다 정도로 해석하는 것이 바람직하며, 연구가 절대 진리에 도달했다고 해석하는 것은 대개 옳지 않다.

13.

개인적 실천 과제

그래서 어쩌라고요?

항상 무슨 이야기를 길게 늘어놓고 나면 들어오는 질문이 있다. “그래서 어쩌라고?”다. 이야기만 번지르르하게 늘어놓고 나서 정작 무엇을 실천해야 하는지에 대해 말해주는 게 없으면 공허한 것 아니냐는 것이다. 사실 전적으로 타당한 질문이다. 사회적 유명 인사가 하는 ‘좋은 말씀’ 들으러 간 게 아니고, 더군다나 돈 내고 산 책에서 실천적 교훈을 별달리 발견할 수 없다면 그것은 돈 낭비일 것이다. 그래서 이 마지막장을 할애하여, 독자들에게 가짜뉴스와 진영 논리를 피하거나 방어하는 실질적 팁들을 제공하려 한다. 이 중 어떤 것에는 동의할 수 있지만, 어떤 것에는 동의할 수 없을지도 모른다. 그러나 한번은 시도해주었으면 하는 바람이 있다. 한국 사회가 최근 급격히 '극화'되는 현상이 관찰되기 때문이다. 그리고 진영 논리와 가짜뉴스가 그런 흐름에 크게 기여하고 있다고 보인다. 너무 늦기 전에 이런 현실이 바로잡히기를 바라며, 이 장에서 제시하는 실천 과제들이 그런 목표에 조금이나마 기여하기를 바란다.

틀릴 수 있다는 점 인정하기

가장 중요한 지점이다. 스스로 오류 가능성이 전혀 없다고 믿는 사람은 인지적 편향에 빠지거나 틀린 판단을 할 수 있다는 사실 자체를 받아들일 수 없다. 그런데 놀랍게도 상당히 많은 사람들이 자신의 오류 가능성을 인정하지 않거나 무시한다. 특히 사회적으로 어느 정도 위치에 도달해 있고, 상대적으로 권력을 가진 사람들이 이런 함정에 빠지기 쉽다. 그래서 이런 범주에 해당된다고 생각한다면 자신을 더 열심히 살펴보는 태도가 필요하다. 자기 자신을 검열하는 것은 분명 힘든 일이고, 정신적 자원을 필요로 하는 일이다. 그러나 안타깝게도 우리의 마음은 너무나 쉽게 한쪽으로 쏠리고, 한 번 쏠리면 반대쪽으로 잘 넘어가지 않는다. 지금껏 이 책에서 우리는 그런 증거들을 숱하게 봐왔다. 그래서 언제나 우리의 마음을 스스로 지켜봐야만 한다. 그것이 소위 '흑화'되지 않는 첫걸음이다.

앞에서 소개한 인지검사 등을 해보면서, 스스로가 얼마나 인지적 편향에 쉽게 빠지는지 알아보고, 그것이 스스로만 그런 것이 아니라 인류 보편의 본성이라는 것을 깨닫는 것도 조금은 도움이 될 것이다.

유유상종 인정하기

사람들이 어떤 주장을 할 때 흔히 "내 주위 사람들도 그렇게 생각한다."라고 말하는 것을 볼 수 있다. 사실 그럴 수밖에 없다. 사람들은 대개 자신과 비슷한 사람들과 어울리기 때문이다. 이것은 아마 심리학 이론을 굳이 들먹이지 않아도 대부분이 인정할 것이다. 그 결과, 자신과 비슷한 사람들과 주로 의견을 교류 및 공유하게 되고, 비슷비슷한 견해를 갖게 된다. 유유상종이라는 말이 괜히 나온 것이 아니다.

그리고 소셜미디어의 보급 이후 이런 경향이 훨씬 심해졌다. 앞서 이야기한 필터버블 때문이다. 소셜미디어에서는 어떤 사람과 교류하고, 어떤 사람을 차단할지 마음대로 정할 수 있다. 그 결과 내 주위에는 나와 극도로 비슷한 사람들만 남게 된다. 특히 정치적으로 비슷한 사람들이 주로 남는다. 한술 더 떠서, 소셜미디어 회사의 알고리즘들은 내가 어떤 포스팅을 좋아할지 미리 정교한 기계학습 알고리즘으로 계산해서 그것을 내게 보여준다. 그리고 그것들은 이미 내 성향과 일치하는 것일 가능성이 매우 크다. 문제는 이것이 스스로가 만든, 일종의 '가상현실'임을 깨닫지 못하는 것이다. 세상에는 훨씬 다양한 견해가 존재하는데도 스스로가 만든 작은 세상에는 그런 것이 존재조차 하지 않게 되는 것이다.

그런데 가상현실에 갇혀 사는 사람들에게는 그게 '가상'현실이 아니라 진짜 현실이다. 영화 〈매트릭스〉에서 그랬듯이 말이다. 깨달음으로 인도하는 사람들이 나타나기 전까지 주인공은 가상현실이 진짜인 줄 믿고 살아왔고, 그것에 대해 한순간도 의심하지 않았다. 필터버블에 갇힌 사람들에게도 마찬가지로 자신만의 세계가 전부다. 그리고 그 세계에서 형성된 견해야말로 절대다수가 공유하는, '상식'적인 견해가 된다. 그리고 이에 맞서는 사람들은 일반적이지 못한 사람, 다시 말해 '틀린' 견해를 가진 사람이 된다. 이같이 스스로 다수라는, 그리고 그 의견만이 정의라는 인식은 타협과 대화를 가로막는 중요한 장벽이 된다.

이런 결과를 피하는 첫걸음은 필터버블 밖의 현실을 직시하는 것이다. 내 견해는 다수의 견해 또는 모두가 공유하는 견해가 아닐 수 있고, 마찬가지로 내 주위 사람들이 다수의, 또는 옳은 견해를 반드시 대변하는 게 아니다. 내 주위 사람들의 견해는 주로 나와 비슷한 견해를 대변하는 것이고, 그 반대쪽에는 다른 견해도 존재할 수 있다. 이런 사실들을 인정하고 받아들이는 것이 중요하다. 일단 이것을 받아들일 수 있으면 자신의 견해가 다수의 견해이며 정의로운 견해라는 고정관념에서 어느 정도 헤어나올 가능성을 열어두는 셈이다.

가장 좋은 방법은 다른 견해를 가진 사람과 열린 마음으로 대화하는 것이다. 그러나 여기에는 한 가지 함정이 있다. 서로 다른 견해를 가진 사람들 간의 대화는 자칫 감정을 상하게 하고, 결국 각자의 견해를 더 강화하는 쪽으로 귀결될 가능성이 있다는 것이다. 따라서 어설프게 시도하는 것보다 안 하는 게 나은 상황도 있을 수 있다. 중요한 것은 상호 신뢰가 형성된 상황에서 대화하는 것이다. 상대방이 악의를 품고 있는 것이 아니며, 이 대화는 상호 의견 교류 및 생각지 못했던 부분을 서로 짚어줄 목적, 즉 '건설적'인 목적으로 이루어진다는 것을 쌍방이 이해하는 상황에서 대화가 이루어져야 한다. 서로 동의할 수 없더라도 '우아하게' 의견을 달리할 수 있어야 한다. 그렇지 않으면 상대의 발화 목적이 진영 논리라든지, 개인적 이익이라든지 하는 의심을 품게 되며, 그 순간 대화는 끝난 것이나 다름없다. 저신뢰 사회인 한국 사회의 특성상 이것은 사실 매우 어렵고, 비대면·비인간적 접촉이 이루어지는 소셜미디어상의 환경은 그럴 가능성을 더욱 부추긴다. 따라서 소셜미디어에서의 의견 교류는 매우 신중하게 이루어져야 한다. 여기에 적절한 토론 기술이 덧붙여진다면 더 좋을 것이다. 완곡하게 말하기, 근거 제시하기 등이 이루어져야 한다. 물론 절대 쉽지 않은 일이다. 그러나 우리 사회가 가까운 미래에 극도로 극화된 사회가 되지 않으려면 필요한 것들이다.

인플루언서의 과도한 영향력에서 벗어나기

이것은 필자가 특히 강조하고 싶은 항목이다. 소셜미디어가 흥하면서 곳곳에서 소위 인플루언서들이 출현하기 시작했다. 많은 팔로워나 구독자를 가진 이런 사람들은 기존 방송인이나 언론인들보다도 더 강한 미디어 권력을 행사할 수 있게 되었다. 오히려 이런 사람들의 채널에 출연한 진짜(?) 연예인 및 방송인들이 이들의 영향력을 부러워하는 지경에 이르렀으니, 세상이 바뀌었음을 실감하게 된다.

그런데 인플루언서들 중에는 사회적 이슈와 큰 관련이 없는 영역에서 활동하는 사람들도 있지만, 정치/사회 이슈에 대해 매우 활발하게 목소리를 내는 사람들도 있다. 그리고 이들의 인기는 상상을 초월한다. 현재 보수 진영에서 가장 잘나가는 한 유튜브 채널은 전 세계를 통틀어 슈퍼챗Super chat 수입 1위를 자랑하고 있다고 하니, 그 인기를 실감할 수 있다.[1]

보수 진영뿐 아니라, 진보 진영 정치/사회 유튜버들 다수도 수만에서 수십 만의 구독자 수를 자랑한다. 이들이 구독자와 팔로워들에게 행사하는 영향력은 어마어마하다. 앞서 언급한 부정선거 음모론의 사례에서도, 일부 유튜버들이 음모론의 진원지 역할을 하며 온갖 가짜뉴스를 생산해 유통시킨

전력이 있다. 그리고 최근 등장한 '인플루언서'의 정의에 딱 들어맞는 경우는 아니지만, '조국 백서'를 펴내기 위해 모금 운동이 일어났을 때 길지 않은 시간 안에 3억 원이 모였다는 이야기도 유명하다. 잘잘못을 가리자는 것이 아니라, 인플루언서들의 영향력이 어마어마하다는 것이다.

정치/사회 인플루언서들이 그 자리까지 오른 데는 다 그만한 이유가 있었을 것이다. 그들은 뛰어난 언변과 분명한—대개 이분법적이고 선악이 분명한—세계관으로 무장하고 있으며, 추종자들을 어떻게 하면 기쁘게 또는 분노하게 할 수 있는지 거의 본능적으로 잘 이해하고 있다. 개인적 카리스마를 갖춘 경우도 많다. 그리고 이들은 존재 그 자체로 일종의 커뮤니티 역할을 한다. 즉 같은 성향의 정치/사회 인플루언서를 따르는 사람들은 소셜미디어, 실시간 라이브 채팅 창 등에서 서로의 존재를 확인하며, 서로의 필터버블을 형성한다. 그리고 인플루언서가 부추기는 반대 진영에 대한 분노를 공유하고 그들을 악마화하기도 한다.

그래서 필터버블에서 빠져나오기 위해 해야 할 일 중 하나는, 만약 정치/사회 인플루언서들을 열성적으로 따르고 있다면 그 영향력에서 어느 정도 빠져나오는 것이다. 당장 구독을 끊으라는 말이 아니다. 인플루언서들의 영상은 그 자체로도 재밌고, 그들이 하는 말 중에는 유용한 정보도 많다. 다만 그들의 의견도 일종의 의견이고, 다른 관점도 존재할 수 있다는 것을 깨닫는 것이 중요하다는 것이다. 그런 의미에서, 어느 정도 합리성을 갖춘, 다른 성향의 인플루언서의 말을 들어보는 것도 도움이 될 수도 있다. 동의할 필요는 없다. 다만 다른 세계에서는 어떤 생각을 하고 있는지 들어는 볼 수 있다는 이야기다(주의할 것은 극단적이고 비합리적인 성향의 인플루언서를 접하면 오히려 반감만 생겨서 역효과가 난다는 것이다).

자신이 인플루언서와 그 커뮤니티에 너무 깊게 관여되어 있는 것처럼 느껴진다면, 해당 미디어를 잠시 쉬거나 관심사를 다른 쪽으로 돌리는 것도 좋은 방법일 수 있다. 일단 거리를 두는 시간만 좀 확보해도 자신도 모르게 극화된 성향에서 어느 정도 벗어날 수 있다.

반대 진영에서 논리 구성해보기

이것은 좀 노력이 드는 방법인데, 해보면 상당히 도움이 된다. 바로 내가 반대하는 진영에 서서, 그것을 지지하는 논거를 만들어보는 것이다. 꼭 그것을 마음으로 지지하라는 말이 아니라, 반대쪽의 믿음이 어떻게 구성될 수 있는지 그 과정을 음미해보라는 뜻이다. 그 과정에서 견해가 바뀌지 않더라도 상대의 주장을 구성하는 논거들을 검토하면서, 이견을 좁힐 여지를 찾을 수도 있고, 극화된 자신의 의견이 다소 완화되는 경험을 할 수도 있다. 의견이 바뀌지 않더라도, 자신의 논리를 예리하게 가다듬어 다음번 논쟁에서 사용할지도 모르는 일이다.

새로운 연구에 대한 판단 유보하기

앞서 언급했지만, 뉴스 등에서 새로운 연구, 특히 신약 등에 대해 열광적인 태도로 보도하는 경우를 자주 본다. 그러나 이런 것들은 보통 동료 학자들의 추가 검증 및 재현 시도가 필요한, 일종의 예비 연구에 가까울 때가 많다. 그러니까 그 자체로서 완결된 연구가 아니라, 앞으로 추가 연구될 방향을 제시하는 연구에 가깝다는 것이다. 미디어와 사람들은 이런 연구의 가치를 부풀리는 데 매우 능해서, 심지어 연구자가 하지 않은 말까지 덧붙여 소개하거나, 아예 연구의 의의가 뒤바뀌어 소개되는 일도 비일비재하다. 따라서 너무 장밋빛으로 소개되는 과학 연구가 있다면 일단 판단을 유보하고, 정 관심이 있으면 관련 연구를 찾아보거나 그것도 귀찮다면 관련 전문가들이 어느 정도 합의에 도달할 때까지 기다리는 것이 좋다.

'우아하게 의견 달리하는 법' 익히기

마지막으로, 그리고 가장 강조하고 싶은 항목이다. 사람들은 의견을 달리할 수 있고, 또한 그럴 수밖에 없다. 애초에 의견을 형성한 환경, 성장 배경, 경험 등이 모두 다를 수밖에 없기 때문이다. 그리고 그런 다른 배경에서 형성된 의견들은 다 나름의 이유가 있다. 물론 그게 언제나 정당하다는 것은 아니다. 문제는 인간의 인식에는 태생적 한계가 있어서, 그 한계를 벗어나지 못한다는 것이다. 그 결과 선의를 가진 사람도, 때로는 그 선의 자체로 인해 이상한 믿음에 빠지기도, 그 믿음을 고이 간직하기도 한다.

이런 현실을 이해하고, 의견이 다른 사람을 만나도 '우아하게' 의견을 달리하는 방법을 익히는 게 어떨까. 지금껏 내내 이야기한 것처럼 이는 쉬운 일이 아니다. 답답함과 끓어오르는 감정을 절제하고, 이성을 찾아야 하며, 상대를 이해해야 한다. 많은 사람들이 이런 심리적 비용을 감당하고 싶어 하지 않기 때문에, 쉬운 해법들—무시하기, 비난하기, 조롱하기 등—을 택한다. 그러나 현대사회에서 이런 비용을 지불하지 않기에는 우리 사회가 너무 멀리 왔다. 힘을 합쳐 대응해야 할 거대한 문제들, 이를테면 기후변화, 저출산, 고령화 등의 문제가 있기 때문이다. 이런 거대한 파도가 몰려오고 있는데, 진영을 갈라 서로를 제거하는 데만 혈안이 되어 있으면 정작 중요한 문제를 해결하는 데 힘을 쏟을 수가 없다.

꼭 입장을 양보하라는 게 아니다. 각자의 의견을 가질 수 있지만, 의견을 달리하는 방식을 보다 세련되게 할 수 있다는 것이다. 서로의 입장 차가 어디서 오는지를 이해하고, 근본적으로 바뀌기 힘든 지점에서는 '비동의하기로 동의agree to disagree'하며, 그 전까지는 최대한 접점을 좁혀 나가는 것이다. 생각보다 의견 차이가 작은 경우도 꽤 있을 것이다. 대화하기 전에는 서로 얼마나 의견이 다른지조차 대부분 알 수 없다.

우리 사회에서 대화와 토론보다는 권위와 복종이 더 일반적인 사회 운영 원칙이었던 것은 비밀이 아니다. 그 결과, 우리는 우리에게 갑자기 찾아온, 세계적으로도 유례없이 성공적인 민주주의를 건설하고도 대화의 부족으로 인해 양극화된 현실에 직면하게 되었다. 사실 이런 현상이 우리만 겪는 것은 아니고, 미국도 오랜 세월 동안 정치적 양극화에 시달려왔고, 세계 각국이 비슷한 상황에 처해 있다. 그러나 필자는 우리 사회의 역동성과 높은 교육 수준에 기대를 걸고 있다. 애초에 지적 기반 자체가 붕괴하고, 전문가 경시 풍조가 만연하여 대화하지 못하는 상황은 아니라는 것이다. 쉽지 않은 일이겠지만, 포기하기에는 치러야 할 사회적 비용이 너무나 크다. 앞서 생태적 합리성에 관해 이야기할 때 언급했듯이, 거대해지고 복잡해진 인간 사회를 유지하기 위해서는 억제해야 할 휴리스틱과 인간 본성이 꽤 많다. 그리고 그것은 하루아침에 되는 것이 아니라, 끝없이 훈련하고 다져야 한다. 새로운 사회와 환경은 우리에게 새로운 종류의 생태적 합리성을 요구하고 있다.

에필로그

프롤로그에서 "글을 쓰는 2020년 한 해 동안에도 글감이 실시간으로 생성"되어 편했다고 말했다. 놀랍지 않게도, 그런 상황은 초고를 마치고 에필로그를 쓰고 있는 지금도 변함없이 그대로다. COVID-19 백신이 임상시험을 마치고 드디어 접종 단계에 들어서 인류에게 희망을 선사하려 하는 2021년 1월에도, 모 유명 진보 성향 작가를 비롯한 몇몇 사람들이 국내에도 백신 음모론을 본격적으로 유포하려 하는 움직임을 보이는 것이다. 그리고 모 진보 성향 언론은 이런 사람에게서 나온 음모론적 주장을 여과 없이 게재함으로써, 국민 건강을 위협하는 거짓 정보의 유통을 적극적으로 방조하고 있다. (너무 충격적이어서, 이 사례를 본문에 추가할까 하다가 그만두었다.) 이런 의미에서 가짜뉴스는 비유로서뿐 아니라, 실제로도 인명을 위협하는 '정신적 바이러스'의 지위에 이르렀다. 이 '바이러스'는 전염성이 높은 데다, 취약한 이들을 골라 집중 공격한다는 점에서 COVID-19와 많이 닮았다. 어쩌면 가짜뉴스의 유행이 진정한 의미에서의 '트윈데믹twindemic', 즉 두 가지 큰 역병이 동시에 유행하는 상황을 의미하는 것인지도 모르겠다. 이 책은 기존 미디어 업계에 종사하는 사람이나 연구자, 또는 정치학이나 사회학 등의 대중에게 흔히 알려진 사회과학 분야 종사자가 아닌 인지 및 계량심리학 전공자, 그리고 데이터분석 분야 종사자로서, 그런 움직임에 맞서기 위해, 시민으로서 사회에 기여할 수 있는 바가 무엇인지 고민하다 나온 결과물이다. 이에는 가짜뉴스 및 진영 논리와의 싸움에서 이기느냐, 지느냐가 어쩌면 이 사회의 운명을 결정할지도 모른다는—미국 사회가 그러했듯이—확신이 강하게 작용했다.

하고 싶은 이야기는 본문에서 거의 다 했지만, 이 자리를 빌려 촉구하고 싶은 것이 몇 가지 있다. 무엇보다 더 많은 이들, 특히 가짜뉴스를 막기 위해 필요한 (전문) 지식을 가진 이들이 가짜뉴스와 진영 논리의 전파를 막는 데 더 많이 기여해

주었으면 하는 바람이 있다. 어떤 가짜뉴스는 간단한 팩트체크로 바로 논파되지만, 어떤 것들은 전문가들의 개입 없이는 논파하기 쉽지 않다. 부정선거 음모론, 백신 음모론 등이 그 사례들이다. 대학원을 졸업하여 학위를 가진 사람의 입장에서, 연구자의 본분은 상아탑에서 어려운 학문적 문제와 씨름하는 것임을 잘 안다. 그러나 가끔은 세상에 나와 동료 시민들이 진실이 무엇인지 혼란스러워할 때, 진실이 무엇인지 밝히는 과정을 도와주기를 또 다른 동료 시민으로서 바라 마지않는다.

다른 한 가지는 가짜뉴스 논파의 과정에서 소통 방식이 차지하는 중요성이다. 지금까지 책의 내용을 따라온 독자라면 이제 이해했겠지만, 인간을 설득하는 과정은 그리 쉽지 않다. 이미 공고한 믿음을 형성한 사람이라면 더욱 그렇다. 이미 (적어도 개인적으로는) 잘 작동하는 세계관을 지니고 있을 때, 그것에 조금이라도 균열을 내는 일은 때로 세계관 전체의 변화를 필요로 하고, 이를 수행하는 데는 생각보다 상당한 인지적·정서적 자원이 필요하다. 복잡하게 말했는데, 이런 상황에서 무시하거나 싸우려 하는 듯한 설득(?) 전략은 별로 효과적이지 않다는 말을 하고 싶다. 설득의 과정은 매우 어렵고,

상호 존중과 신뢰가 전제된 상태에서 어렵게 이루어지는 과정이라는 점을 명심할 필요가 있다. 반대로 이것이 전제되지 않기 때문에 일어나는 불필요한 논쟁과 싸움들을, 필자는 온라인에서 수없이 봐왔다. 가짜뉴스를 논파하는 일은 사실관계의 파악 못지않게 전달과 설득의 측면이 매우 중요한 일이다. 그리고 그 과정의 대부분은 인터넷상에서 '관중'들이 보는 가운데 일어난다는 점에서 더욱 그러하다. 이런 의미에서, 논쟁에서 이기는 것뿐 아니라 '어떻게' 이기는지도 중요하다고 하겠다. 물론 이기고 지는 것 자체가 진실을 찾는 것에 비하면 부차적인 문제일지도 모르지만, 사람들은 논쟁에서 지고 싶어 하지 않으니 말이다. 기왕 이기고 싶다면 '잘' 이겨보자는 말이다. 인지, 사회심리학 등이 이 과정에서 도울 수 있는 것이 많이 있을 것이다. 관심 있는 독자들에게는 관련 문헌들을 읽어볼 것을 권한다.

마지막으로 누구나 가짜뉴스와 진영 논리에 쉽게 빠질 수 있다는 점을 다시 한번 강조하고자 한다. 필자는 이 문제에 대해, 독자 여러분이 보았듯이, 한 권의 책을 썼지만 아직도 곳곳에서 뻗쳐오는 휴리스틱, 동기화된 논증, 진영 논리의 유혹에 시달린다. (그리고 그런 것들에 실제로 빠지는 일도 있을 것이다.) 아는 것과 행하는 것은 실로 다른 것이며, '인지'라는 비싼 자원을 최적화하여 절약하게 진화해온 종족 특성상의 한계를 그대로 떠안고 있을 수밖에 없는 우리로서는 이를 극복하기 위해 부단히 단련하고 스스로를 성찰하는 것밖에 방법이 없다. 힘들지만 이는 미래의 민주사회가 제대로 작동하기 위해 꼭 필요한 과정이다. 이것이 잘 이루어지지 않을 때 어떤 결과가 일어나는지는, 역사 속에서 권위주의 정권이 어떻게 전적으로 민주적인 과정에서 세워졌는지를 통해 잘 알 수 있다.

필자는 현재 미국에 거주하고 있다. 세계 최강대국이라는 명성 이면에는 전문가 불신, 반지성주의, 진영 논리 등이 사회 곳곳에 깊숙이 뿌리 내려 있어, 어디부터 손써야 할지 모르는 매우 난감한 상황이 있다. '트럼프 현상'은 사실 오래전부터 계속되어온 그런 현상들의 하나의 표현일 뿐, 어느 날 갑자기 일어난 우연 따위가 아니다. 다행히 한국의 상황은 미국보다는 나아 보인다. 보다 높은 전반적 교육 수준, 그리고 (필자가 보기에는) 미국보다는 나은 전문가 집단에 대한 신뢰 등이 그 희망의 근거다. 이를테면 팬데믹에 대처하는 과정에서 숱한 비난과 공격에 시달렸던 미국의 앤서니 파우치 박사

와는 달리, 한국의 정은경 질병관리청장은 국민적 신망을 한 몸에 받으며 우수한 방역 사례를 진두지휘했다. 한편 앞서 이야기한 백신 음모론의 경우, 해당 기사가 송고 및 발행된 직후 많은 사람이 음모론을 논박하는 데 앞장서는 것을 소셜미디어를 통해 확인할 수 있었다. 그래서 아직은 희망이 있다고 믿는다. 그리고 이를 넘어, 궁극적으로는 진실 따위는 존재하지 않으며 모든 것은 진영과 이해관계에 달려 있다고 주장하는 극단적 상대론을 넘어, 사회 구성원 대부분이 적어도 상식적 의미에서의 진실이 존재한다고 믿고, 이성과 합리가 사회적으로 중요한 사안을 결정하는 기준이 되어야 한다고 동의하는 사회가 되기를 바란다. 이 책이 그런 목표를 달성하는 데 도움이 될 수 있다면 필자로서는 더 바랄 것이 없겠다.

주

1. 확증편향, 입맛에 맞는 뉴스만 고른다

1 Wason, P. C. (1968). Reasoning about a rule. *Quarterly Journal of Experimental Psychology, 20*(3), 273-281.

2 Knobloch-Westerwick, S., Mothes, C., & Polavin, N. (2020). Confirmation bias, ingroup bias, and negativity bias in selective exposure to political information. *Communication Research, 47*(1), 104-124.

3 Lilienfeld, S. O., Ammirati, R., & Landfield, K. (2009). Giving debiasing away: Can psychological research on correcting cognitive errors promote human welfare? *Perspectives on Psychological Science, 4*(4), 390-398.

4 Cox, J. R., & Griggs, R. A. (1982). The effects of experience on performance in Wason's selection task. *Memory & Cognition, 10*(5), 496-502.

2. 인지적 구두쇠, 생각하지 않으려 한다

1 Simon, H. A. (1955). A behavioral model of rational choice. *The Quarterly Journal of Economics, 69*(1), 99-118.

2 Frederick, S. (2005). Cognitive reflection and decision making. *Journal of Economic Perspectives, 19*(4), 25-42.

3 Toplak, M. E., West, R. F., & Stanovich, K. E. (2014). Assessing miserly information processing: An expansion of the Cognitive Reflection Test. *Thinking & Reasoning, 20*(2), 147-168.

4 Evans, J. S. B., & Stanovich, K. E. (2013). Dual-process theories of higher cognition: Advancing the debate. *Perspectives on Psychological Science, 8*(3), 223-241.

5 Stanovich, K. E. (2018). Miserliness in human cognition: The interaction of detection, override and mindware. *Thinking & Reasoning, 24*(4), 423-444.

3. 동기화된 논증, 내 편에 유리한 방향으로 해석한다

1 Kunda, Z. (1990). The case for motivated reasoning. *Psychological bulletin, 108*(3), 480-498.

2 Lord, C. G., Ross, L., & Lepper, M. R. (1979). Biased assimilation and attitude polarization: The effects of prior theories on subsequently considered evidence. *Journal of Personality and Social Psychology, 37*(11), 2098-2109.

3 Kunda, Z. (1990). The case for motivated reasoning. *Psychological bulletin, 108*(3), 480-498.

4 Nir, L. (2011). Motivated reasoning and public opinion perception. *Public Opinion Quarterly, 75*(3), 504-532.

5 Spiegelhalter, D. (2019). *The Art of Statistics: Learning from data*. Penguin UK.

4. 거짓 진실 효과, 자주 보면 믿는다

1 Tversky, A., & Kahneman, D. (1981). The framing of decisions and the psychology of choice. *Science, 211*(4481), 453-458.

2 Hovland, C. I., & Weiss, W. (1951). The influence of source credibility on communication effectiveness. *Public Opinion Quarterly, 15*(4), 635-650.

3 Pratkanis, A. R., Greenwald, A. G., Leippe, M. R., & Baumgardner, M. H. (1988). In search of reliable persuasion effects: III. The sleeper effect is dead: Long live the sleeper effect. *Journal of Personality and Social Psychology, 54*(2), 203.

4 Zajonc, R. B. (1968). Attitudinal effects of mere exposure. *Journal of Personality and Social Psychology, 9*(2), part 2.

5 Hasher, L., Goldstein, D., & Toppino, T. (1977). Frequency and the conference of referential validity. *Journal of Verbal Learning and Verbal Behavior, 16*(1), 107-112.

6 Pennycook, G., Cannon, T. D., & Rand, D. G. (2018). Prior exposure increases perceived accuracy of fake news. *Journal of Experimental Psychology: General, 147*(12), 1865-1880.

5. 생태적 합리성, 통밥이 생각보다 잘 맞는다

1 Goldstein, D. G., & Gigerenzer, G. (2002). Models of ecological rationality: the recognition heuristic. *Psychological Review, 109*(1), 75-90.

2 Czerlinski, J., Gigerenzer, G., & Goldstein, D. G. (1999). How good are simple heuristics? In *Simple heuristics that make us smart* (pp. 97-118). Oxford University Press.
3 Gigerenzer, G., & Goldstein, D. G. (1996). Reasoning the fast and frugal way: models of bounded rationality. *Psychological Review, 103*(4), 650-669.

7. 4·15 총선, 사전 투표는 조작되었다?

1 https://weekly.donga.com/List/3/01/11/2046102/1
2 https://www.scientificamerican.com/article/biases-make-people-vulnerable-to-misinformation-spread-by-social-media/

8. 〈더 플랜〉, 18대 대선 개표에 개입이 있었다?

1 http://www.mediatoday.co.kr/news/articleView.html?idxno=206921

9. 코로나바이러스, 사실 인플루엔자와 똑같다?

1 http://dongascience.donga.com/news.php?idx=39006
2 https://www.bbc.com/news/world-us-canada-53892856
3 https://www.npr.org/sections/coronavirus-live-updates/2020/04/23/842551422/sadly-he-is-not-with-us-family-mourns-a-dad-who-denied-then-died-from-covid-19
4 https://www.ncbi.nlm.nih.gov/pmc/articles/PMC2831678/
5 https://en.wikipedia.org/wiki/MMR_vaccine_and_autism#Impact_on_society
6 https://www.facebook.com/photo.php?fbid=2755341101411169&set=a.1395418080736818&type=3
7 https://www.reuters.com/article/uk-factcheck-covid-flu-idUSKBN2613BS?fbclid=IwAR0FgR4k9PJ1nlsjXt4R5hEVpE4RupjYncsmnbkD9I5hXbNSSheq3RygQK0
8 Ahmed, W., Vidal-Alaball, J., Downing, J., & Seguí, F. L. (2020). COVID-19 and the 5G conspiracy theory: social network analysis of Twitter data. *Journal of Medical Internet Research, 22*(5), e19458.
9 https://www.yna.co.kr/view/AKR20200904158600004?input=1195m
10 http://news.tvchosun.com/site/data/html_dir/2020/08/21/2020082190090.html
11 https://www.usatoday.com/story/opinion/2020/07/25/covid-cases-top-4-million-trump-base-reject-experts-column/5500345002/

10. 독감백신, 사망에 이르게 한다?

1 https://www.chosun.com/national/welfare-medical/2020/10/19/RSKYZK4NHNBVVDHV4LLM7USA6M/

2 https://www.hankyung.com/society/article/2020102720487

3 https://www.donga.com/news/article/all/20201026/103622041/1

4 http://dongascience.donga.com/news.php?idx=40943

5 https://www.chosun.com/national/national_general/2020/10/20/BR5RVZ7TVVA5TCGLFQPWA4ADFI/?fbclid=IwAR25XuVOgCcSxhdKPQCnt9Vv5Km6x3_2SB2LTCopyFoaNIg4oqvCRxkRX7I

6 Tversky, A., & Kahneman, D. (1974). Judgment under uncertainty: Heuristics and biases. *Science, 185*(4157), 1124-1131.

12. 과학 뉴스를 읽는 방법

1 http://www.hani.co.kr/arti/society/media/574531.html

13. 개인적 실천 과제

1 http://monthly.chosun.com/client/mdaily/daily_view.asp?idx=9712&Newsnumb=2020069712

가짜뉴스의 심리학

1판 1쇄 발행일 2021년 3월 1일
1판 3쇄 발행일 2024년 11월 18일

지은이 박준석

발행인 김학원
발행처 (주)휴머니스트출판그룹
출판등록 제313-2007-000007호(2007년 1월 5일)
주소 (03991) 서울시 마포구 동교로23길 76(연남동)
전화 02-335-4422 **팩스** 02-334-3427
저자·독자 서비스 humanist@humanistbooks.com
홈페이지 www.humanistbooks.com
유튜브 youtube.com/user/humanistma **포스트** post.naver.com/hmcv
페이스북 facebook.com/hmcv2001 **인스타그램** @humanist_insta

편집주간 황서현 **편집** 전두현 임미영 **디자인** 박진영
용지 화인페이퍼 **인쇄** 청아디앤피 **제본** 민성사

ISBN 979-11-6080-533-8 03180